Como dizer tudo em alemão

EM VIAGENS

Ron Martinez
Birgit Braatz

Como dizer tudo em alemão
EM VIAGENS

FALE A COISA CERTA EM QUALQUER SITUAÇÃO DE VIAGEM

ELSEVIER
EDITORA CAMPUS

Editoração Eletrônica: Estúdio Castellani

Revisão Gráfica: Katarina Maurer Wolter e Jussara Bivar

Projeto Gráfico
Elsevier Editora Ltda.
A Qualidade da Informação.
Rua Sete de Setembro, 111 – 16º andar
20050-006 Rio de Janeiro RJ Brasil
Telefone: (21) 3970-9300 FAX: (21) 2507-1991
E-mail: *info@elsevier.com.br*
Escritório São Paulo:
Rua Quintana, 753/8º andar
04569-011 Brooklin São Paulo SP
Tel.: (11) 5105-8555

ISBN 13: 978-85-352-2155-8
ISBN 10: 85-352-2155-7

Nota: Muito zelo e técnica foram empregados na edição desta obra. No entanto, podem ocorrer erros de digitação, impressão ou dúvida conceitual. Em qualquer das hipóteses, solicitamos a comunicação à nossa Central de Atendimento, para que possamos esclarecer ou encaminhar a questão.

Nem a editora nem o autor assumem qualquer responsabilidade por eventuais danos ou perdas a pessoas ou bens, originados do uso desta publicação.

Central de atendimento
Tel: 0800-265340
Rua Sete de Setembro, 111, 16º andar – Centro – Rio de Janeiro
e-mail: info@elsevier.com.br
site: www.campus.com.br

CIP-Brasil. Catalogação-na-fonte.
Sindicato Nacional dos Editores de Livros, RJ

M337c

Martinez, Ron
Como dizer tudo em alemão em viagens : fale a coisa certa em qualquer situação de viagem / Rom Martinez, Birgit Braatz. – Rio de Janeiro : Elsevier, 2006
il. – (Como dizer tudo... em viagens)

Apêndices
ISBN 85-352-2155-7

1. Língua alemã – Compêndios para estrangeiros. 2. Língua alemã – Palavras e expressões. I. Braatz, Birgit. II. Título.

06-1280. CDD 438.24
CDU 811.111.2'243

Prefácio
Vorwort

Sem dúvida alguma, viajar é uma das coisas mais maravilhosas que alguém pode fazer. Viajar é afastar-se do seu dia-a-dia (às vezes dos seus problemas, da rotina) e abrir-se para um mundo novo, o encontro com um ou vários idiomas, pessoas, ambientes, realidades diferentes daquilo que conhecemos: resumindo, uma cultura diferente. E vamos nos inserir nesta cultura, aprendendo que, algumas vezes, a comunicação fica prejudicada porque as nossas atitudes e reações são diferentes das do pessoal no país que estamos visitando – justamente porque aí se manifesta o aspecto cultural.

Um aspecto importante diz respeito às leis e regras. Não estou dizendo que elas não existam no Brasil, mas a maneira de respeitá-las é diferente. Por exemplo, todo mundo sabe que fumar dentro dos shoppings no Brasil é geralmente proibido, mas freqüentemente esta proibição não é respeitada. Faz parte. Feliz ou infelizmente, não existe, que eu saiba, um "jeitinho brasileiro" no exterior. Por isso, por mais pedante que possa parecer, é importante respeitar filas, regras, normas etc. no estrangeiro.

Existe ainda outro aspecto cultural, porém mais sutil: é a cortesia, o respeito no trato com as pessoas no sentido de não "invadir" o "espaço" do outro. É como se o alemão tivesse uma espécie de cerca em volta de si, que impede que alguém (ainda) não conhecido se aproxime demais. Por esta razão é importante o uso do "Sie" (é isso mesmo, se você usar o "du" por exemplo, falando com um policial, pode ser interpretado como falta de respeito, sendo possível que você seja repreendido por causa disto). Pela mesma razão, são raros os tapinhas nas costas e os beijinhos. Quando as pessoas começam a se conhecer, é tudo bastante formal; mas geralmente este "gelo" não dura muito e, depois de ter "derretido" (para continuarmos na imagem), o alemão sabe ser muito cordial e carinhoso.

Outra diferença reside no jeito de ser. Os alemães, de uma maneira geral, são bem menos sorridentes ou mais sérios do que os brasileiros, e por isso podem até passar uma imagem de mal-humorados. Além disso, há também uma qualidade que eles chamam de franqueza, mas que muitas vezes é percebida, pelos estrangeiros, como falta de delicadeza.

Pois é, assim cada um carrega tanto as maravilhas quanto as limitações de sua cultura; mas aí está justamente o grande valor de viajar: construir pontes para podermos entender uns o jeito de ser dos outros.

I wish you happy and safe journeys,
wherever life may take you!

Ron Martinez
Recife, 2005

Gute Reise! Kommen Sie gut hin –
und kommen Sie gut zurück!

Birgit Braatz
Porto Alegre, 2006

Sumário

1 **Introdução** **Einleitung** **1**

2 **Sobrevivência** **Das Allernotwendigste** **3**

3 **Voando** **Flugreisen** **7**

Alfândega 11

Problemas com a bagagem 12

Problemas com a bagagem 12

Glossário de Termos Comuns em Aeroportos e Vôos (Alemão/Português) 13

Glossário de Termos Comuns em Aeroportos e Vôos (Português/Alemão) 19

4 **Táxis e outros meios de transporte**
Taxis und andere Transportmittel **23**

5 **Alugando um carro**
Sie mieten einen Wagen **25**

Algumas dicas sobre direção no exterior 26

No posto de gasolina 28

Glossário de Direção (Alemão/Português) 30

Glossário de Direção (Português/Alemão) 33

Transporte Público 34

6 **Hospedagem** **Unterkunft /Logis** **37**

Glossário de Termos Hoteleiros (Alemão/Português) 41

Glossário de Termos Hoteleiros (Português/Alemão) 51

7 **Restaurantes** **Restaurants: Auswärts essen** **57**

Em um café 63

Glossário para entender um cardápio 65
Em alemão: os termos mais comuns 65
Glossário de Alimentos (Português/Alemão) 95

8 Vida noturna Nachtleben **107**

9 Compras e serviços Einkäufe und Dienstleistungen **109**
A Moeda européia: O Euro 110
Glossário de compras (roupas e acessórios) 115
Roupas (Alemão/Português) 115
Roupas (Português/Alemão) 117
Acessórios e Cosméticos (Alemão/Português) 119
Acessórios e Cosméticos (Português/Alemão) 121
Atributos (Alemão/Português) 123
Atributos (Português/Alemão) 127
Calçados (Alemão/Português) 130
Calçados (Português/ Alemão) 131
Partes de Roupa (Alemão/Português) 132
Partes de Roupa (Português/Alemão) 132
Caimento e Partes do Corpo (Alemão/Português) 133
Caimento e Partes do Corpo (Português/ Alemão) 134

10 Entretenimento Unterhaltung **135**

11 No cabeleireiro/salão Beim Friseur **137**
Glossário de Termos Usados em Salão de Beleza 139
Cabelo (Alemão-Português) 139
Cabelo (Português-Alemão) 140
Depilação (Alemão-Português) 141
Depilação (Português-Alemão) 142

12 No banco Auf der Bank **143**
Ligando do exterior 144

13 Situações Sociais Geselliger Umgang **147**
Falando sobre uma viagem 150
Combinando um lugar 154
A biografia 155
Chamadas telefônicas 157
Compreendendo 161

Paquerando 162
Como dizer um endereço de e-mail em alemão 164
Falando do seu alemão e de outros idiomas 164

Apêndices

1 Profissões 165

2 Doenças e sintomas 171

3 Achados e Perdidos 173

4 Vocabulário "futebolístico" 175

5 Meses, dias, números, preços e horas 177

6 O Euro 181

1 Introdução
Einleitung

Sua chave de comunicação

Você leitor, que tem este guia em suas mãos, com certeza o comprou porque não pretende se contentar, em sua viagem para a Alemanha, Áustria ou Suíça, apenas com gestos para se comunicar. Sem dúvida, os gestos são também uma linguagem, porém mais reduzida do que o idioma e mais sujeita ainda a mal-entendidos.

Saber um pouco da língua do país que você visita, significa também aproximar-se da cultura e com certeza vai tornar muito mais ricas a suas experiências vividas no país que você vai conhecer. Saber um pouco da língua é o início da aventura que toda viagem é.

Como *entender* tudo em alemão

Um dos aspectos que talvez diferencie um pouco este livro dos seus antecessores (da série *Como dizer tudo*) é o fato que, quando viajamos de férias a um lugar, geralmente temos menos contatos com os nativos do que, por exemplo, durante uma viagem de negócios ou um programa de intercâmbio. Por isso, um dos objetivos deste livro é conseguir que o leitor entenda as coisas ao seu redor, mais até do que conversar. Por exemplo, uma pessoa que vai à Alemanha, vai *falar* em alemão, basicamente, na hora de entrar no país (alfândega), apanhar um táxi ou outro tipo de *transfer*, fazer o check-in no hotel, interagir com os atendentes em lojas e restaurantes e na hora de comprar ingressos. Consciente disso, este livro conta com **glossários** organizados a partir do alemão para ajudar a entender, e outros, organizados a partir do português, para ajudar a falar. Com este livro em mãos você consegue, por exemplo, usufruir das instalações dos hotéis e entender os cardápios. (É claro que as mesmas palavras e os mesmos termos listados nos glossários também poderão ser usados em uma conversação, mas o objetivo principal do livro é fazer com que o leitor se sinta confiante de que vai entender a linguagem mais freqüentemente usada nos lugares mais visitados por pessoas nas viagens.)

Os glossários

Poder prever as situações mais comuns em viagens (situações em aviões, restaurantes, hotéis e lojas) proporciona uma vantagem: a probabilidade de prever quais palavras e expressões serão usadas naquelas situações.

A grande maioria dos glossários tem versões alemão-português e vice-versa. O objetivo do primeiro é facilitar o entendimento (um cardápio em um restaurante, um leque de opções dentro do hotel, serviços oferecidos em um cabeleireiro etc.), enquanto a opção português-alemão serve para, eventualmente, encontrar a palavra certa, na hora certa.

As seções "PALAVRAS BÁSICAS"

Esta seção serve para uma rápida consulta para entender (e falar) os termos "cruciais" em cada situação.

Mais do que linguagem

Interagir em um ambiente e cultura diferentes representa um desafio para qualquer um, e o desafio vai além da linguagem. Um alemão, por exemplo, que chega ao Brasil, mesmo que possua conhecimentos do idioma, ao entrar em uma churrascaria vai se sentir confuso. É que ele nunca deve ter visto nada igual: garçons carregando espetos de carne, plaquinhas nas mesas com "sim" ou "não", carrinhos com sobremesas – enfim, ele não saberia nem por onde começar. É por isso que, ao longo do livro, aparecem dicas que vão além do instrumentário da língua, ou seja, além das palavras e expressões.

2 Sobrevivência
Das Allernotwendigste

Este capítulo destina-se a uma rápida consulta, contendo as frases mais importantes. Se aquela que você gostaria de dizer não constar, não tem problema: você, sendo brasileiro, sabe que um sorriso faz milagres.

Você fala [português]?	**Sprechen Sie (Portugiesisch)?**
Por favor, onde fica o banheiro?	**Wo sind die Toiletten, bitte?**
Bom (Boa) dia/tarde/noite.	**Guten Morgen / guten Tag / guten Abend**
Oi./Olá.	**Hallo!**
Tchau.	**Tschau / tschüß**
Vocês aceitam cartões de crédito?	**Nehmen Sie Kreditkarten?**
Onde eu posso...?	**Wo kann ich ....?**
Por favor, eu...	**Entschuldigen Sie bitte, ich ...**
Eu preciso (fazer uma ligação)	**Ich muss (telefonieren)**
Eu preciso (de uma informação)	**Ich brauche (eine Information)**
Me desculpe, não entendi.	**Entschuldigen Sie, ich verstehe nicht.**
Você pode escrever isso para mim, por favor?	**Können Sie das bitte für mich aufschreiben?**
Só um segundo, por favor.	**Nur einen kleinen Moment, bitte.**
Obrigado.	**Danke / vielen Dank.**
De nada.	**Bitte.**
Eu não falo alemão.	**Ich spreche nicht Deutsch.**
Eu sou do Brasil.	**Ich bin aus Brasilien.**
Eu sou brasileiro.	**Ich bin Brasilianer.**
Eu sou brasileira.	**Ich bin Brasilianerin.**

Você tem caneta?	**Haben Sie einen Kuli/Kugelschreber?**
Quanto é?	**Wie viel kostet das? / Wie viel macht das?**
Preciso de um médico.	**Ich brauche einen Arzt.**

Doença **Krankheit**

Esta seção trata apenas de doenças menores.

Observe: A língua alemã diferencia entre o tratamento formal (de senhoria), usado com pessoas que ainda não são conhecidas ou aquelas que são socialmente distantes, e o informal, usado com a família e os amigos. Neste livro, em muitas situações dá para imaginar a mesma fala sendo dirigida tanto a um quanto ao outro grupo. Nestes casos, depois dos pronomes formais ("Sie", "Ihnen" etc.), há o sinal: (f.), e depois dos informais ("du", "dir" etc.), há o sinal: (inf.)

Antes	**Vorher**
Acho que estou pegando alguma coisa.	**Ich glaube, ich bin im Begriff krank zu werden.**
Tem alguma coisa no ar.	**Es liegt etwas in der Luft.**
Acho que estou pegando um resfriado.	**Ich glaube, ich bekomme eine Erkältung.**
Estou tentando não pegar um resfriado.	**Ich versuche, mich nicht zu erkälten.**
Você está bem?	**Geht es Ihnen (f.) geht es dir (inf.) gut?**
Você não está com uma cara muito boa.	**Sie sehen (f.) / du siehst (inf.) nicht sehr wohl aus.**
Você está um pouco pálido.	**Sie sehen (f.) / du siehst (inf.) ein bisschen blass aus.**
Acho melhor você ir para casa.	**Sie sollten (f.) / du solltest (inf.) besser nach Hause gehen.**
Vá para casa e descanse.	**Gehen Sie nach Hause und ruhen Sie sich aus (f.). Geh nach Hause und ruh dich aus (inf.)**
Durante	**Während der Krankheit**
Estou doente.	**Ich bin krank.**
Não estou me sentindo muito bem.	**Ich fühle mich nicht sehr wohl.**
Estou enjoado / enjoada.	**Mir ist übel.**

Estou com ...	**Ich habe ...**
Não estou muito católico.	**Ich bin nicht so ganz in Ordnung.**
Estou péssimo.	**Ich fühle mich miserabel.**
Soube que você não está se sentindo muito bem.	**Ich habe gehört, es geht Ihnen (f.) / dir (inf.) nicht sehr gut.**
Fiquei sabendo que você tem ...	**Ich habe gehört, Sie haben (f.)... / du hast .(inf.)...**
(Minha cabeça) está doendo	**(Mein Kopf) tut weh.**
O que você tem?	**Was ist los?**
Posso fazer alguma coisa?	**Kann ich irgendwie helfen?**
O que você tem de fazer é ...	**Sie sollten (f.) / du solltest (inf.)...**
A melhor coisa é ...	**Das Beste ist, Sie ... (f.) / du ... (inf.) ...**
Como você está?	**Wie fühlen Sie sich? (f.) / Wie fühlst du dich? (inf.)**
Eu sei como você está se sentindo.	**Ich weiß, wie Sie sich fühlen (f.) / wie du dich fühlst (inf.)**
Odeio isso.	**Ich hasse das.**
Posso imaginar como você está se sentindo.	**Ich kann mir vorstellen, wie Sie sich fühlen (f.) / wie du dich fühlst (inf.)**
Pega leve.	**Nehmen Sie's leicht (f.) / Nimm's leicht (inf.)**
Só precisa descansar.	**Sie müssen (f.) / du musst (inf.) nur ausruhen.**
Espero que se sinta melhor.	**Ich hoffe, Sie fühlen sich (f.) / du fühlst dich (inf.) besser.**
Estimo suas melhoras. / Boas melhoras.	**Gute Besserung!**
Se precisar de alguma coisa, é só me ligar.	**Wenn Sie irgendetwas brauchen (f.) / wenn du irgendetwas brauchst (inf.) – ein Anruf genügt!**
Depois	**Nach der Krankheit**
Você está se sentindo melhor?	**Geht es Ihnen besser? (f.) / Geht es dir besser ? (inf.)**
Você está com uma cara melhor.	**Sie sehen (f.) / du siehst (inf.) schon viel besser aus!**
Que bom que você está se sentindo melhor.	**Ich freue mich, dass Sie sich besser fühlen (f.) / dass du dich besser fühlst (inf.).**

O tempo exterior e o ambiente interior
Das wetter und die interne atmosphöre

Como está frio hoje!	**Wie kalt es heute ist!**
Esquentou hoje! Que calor!	**Was für eine Hitze!**
Você está com frio?	**Ist Ihnen (f.) / dir (inf.) kalt?**
Você está com calor?	**Ist Ihnen (f.) / dir (inf.) warm? /heiß?**
Está chovendo.	**Es regnet.**
Está chovendo forte.	**Es gießt.**
Está garoando.	**Es nieselt.**
Está nevando.	**Es schneit.**
Está caindo chuva de pedras.	**Es hagelt.**
Está trovejando.	**Es donnert.**
Está relampejando.	**Es blitzt.**
Está abafado aqui.	**Es ist sehr stickig hier drin.**
Está uma bagunça aqui.	**Was für eine Unordnung!**

3 Voando
Flugreisen

O objetivo deste capítulo é ajudá-lo a se sentir preparado para as situações mais comuns antes, durante e depois de uma viagem aérea. Felizmente, existem várias situações previsíveis durante quase qualquer viagem de avião.

PALAVRAS IMPORTANTES	WICHTIGE WÖRTER
vôo	Flug
atraso	Verspätung
reserva	Reservierung
janela	Fenster
corredor	Gang
conexão	Verbindung
vôo de conexão	Anschlussflug
escala	Zwischenlandung
bagagem	Gepäck
bagagem de mão	Handgepäck
cartão de embarque	Bordkarte
portão	Ausgang/gate
embarque	Einsteigen

Mais termos importantes

A partir da página 19, há um glossário português-alemão dos termos mais comuns usados em aeroportos e viagens de avião.

Reservando um vôo – Passageiro	Buchung – Passagier
Oi, você tem algum vôo para o Rio de Janeiro, partindo no dia 30 de abril, com volta para o dia 5 de maio?	Guten Tag. Haben Sie einen Flug am dreißigsten April nach Rio de Janeiro, mit Rückflug am fünften Mai?
E saindo no dia 29?	Und mit Hinflug am neunundzwanzigsten?

Qual é a companhia aérea?	Welche Fluggesellschaft ist es?
Tem alguma coisa partindo [à noite]?	Haben Sie einen Flug, der (abends) geht?
Quanto é a passagem?	Wie viel kostet der Flug?
Você tem algo mais em conta?	Haben Sie etwas Preiswerteres?
Tudo bem, vou fazer minha reserva para este vôo.	Gut, dann reservieren Sie mir bitte diesen Flug.
Reservando um vôo – Agente	**Buchung – Reiseagent**
Qual é a data de saída?	Wann fliegen Sie?
Saindo de?	Von wo fliegen Sie?
Saindo de [Munique] mesmo?	Fliegen Sie von München?
E a data de retorno?	Und wann möchten Sie zurückfliegen?
Está viajando sozinho?	Reisen Sie allein?
Me desculpe, mas não tenho nada para estes dias.	Tut mir leid, an diesen Tagen sind alle Flüge ausgebucht.
Você teria uma flexibilidade de data?	Könnten Sie kurz vor oder nach diesem Datum fliegen?
Talvez possa conseguir um lugar num vôo que sai no dia 29.	Ich könnte Sie vielleicht in einem Flug am neunundzwanzigsten unterbringen.
Vou checar o sistema.	Ich schaue noch mal im System nach..
Só um momento, por favor.	Einen kleinen Moment, bitte.
Você tem preferência de horário?	Ziehen Sie eine bestimmte Uhrzeit vor?
Você prefere de manhã, à tarde ou à noite?	Fliegen Sie lieber morgens, nachmittags oder abends?
Sim, eu tenho um vôo às 9 horas saindo de [Munique] no dia 30 de abril e retornando no dia 5 de maio.	Ja, hier habe ich einen Flug am dreißigsten April um neun Uhr von (München), und den Rückflug am fünften Mai.
Você quer que eu reserve este para você?	Soll ich das für Sie reservieren?
Muito bem, só para confirmar ...	Gut, nur zur Bestätigung ...
Está tudo correto?	Ist das richtig so?
O sr. vai pagar com cartão?	Zahlen Sie mit Kreditkarte?
Tá certo, qual é o número do cartão? E a data de validade?	In Ordnung, wie ist die Kartennummer? Bis wann ist die Karte gültig?
Vou lhe dar o número de sua reserva. É...	Ich gebe Ihnen die Buchungsnummer. Es ist ...
Muito bem, posso segurar sua reserva por até 10 dias.	Gut, diese Reservierung gilt für zehn Tage.
Se houver qualquer cancelamento, é só ligar.	Wenn Sie zurücktreten möchten, rufen Sie uns bitte kurz an.

Check-in no aeroporto – Agente	Einchecken auf dem Flughafen – der Angestellte
Olá.	Hallo / Guten Tag.
Passagem e passaporte, por favor.	Ihren Flugschein und den Pass, bitte.
Sinto muito, mas o vôo está lotado.	Es tut mir leid, aber der Flug ist voll.
Seu nome não consta na reserva deste vôo.	Ihr Name steht nicht auf der Passagierliste.
Será que a reserva está com um nome diferente?	Ist die Reservierung vielleicht auf einen anderen Namen?
Posso colocá-lo na lista de espera.	Ich kann Sie auf die Warteliste setzen.
Qual é o seu destino final?	Wohin fliegen Sie?
Tem alguma mala para despachar?	Möchten Sie das Gepäck aufgeben?
Quantas malas está despachando?	Wie viele Gepäckstücke möchten Sie aufgeben?
Pode colocar sua(s) mala(s) na balança, por favor?	Würden Sie bitte Ihren Koffer/ Ihre Koffer auf die Waage stellen?
Infelizmente, passou do limite.	Leider ist das zulässige Höchstgewicht überschritten.
Será computado como sobre peso.	Sie müssen Übergewicht bezahlen.
Quantos passageiros estão viajando com você?	Wie viele Personen reisen mit Ihnen?
Algum desconhecido lhe pediu que levasse alguma coisa?	Hat irgendeine unbekannte Person Sie gebeten, etwas für sie mitzunehmen?
Você está em controle dos seus itens de viagem desde o momento em que fez as malas?	Haben Sie Ihr Gepäck immer unter Augen gehabt, seitdem Sie es gepackt haben?
Foi você mesmo quem fez as malas?	Haben Sie Ihre Koffer selbst gepackt?
O sr. prefere janela ou corredor?	Möchten Sie lieber Fenster oder Gang?
Muito bem, está tudo certo.	Gut, es ist alles in Ordnung.
Aqui está seu cartão de embarque.	Hier ist Ihre Bordkarte.
Seu portão de embarque é o [22].	Ihr Ausgang/gate ist die Nummer [22].
O embarque tem início às [8:30].	Wir beginnen mit dem Einsteigen um (acht Uhr dreißig).
É melhor andar logo.	Beeilen Sie sich!
O embarque já começou.	Wir haben schon mit dem Einsteigen begonnen.
Boa viagem.	Einen guten Flug!

Check in no aeroporto – Passageiro	**Einchecken auf dem Flughafen – Passagier**
Olá.	Guten Tag.
Você ainda tem algum lugar na janela/corredor?	Haben Sie noch einen Platz am Fenster / am Gang?
Tem alguma refeição a bordo?	Gibt es Mahlzeiten auf dem Flug?
A que horas começa o embarque?	Wann beginnen Sie mit dem Einsteigen?
Tenho de fazer outro embarque em [Frankfurt]?	Muss ich in [Frankfurt] neu einchechen?
Minha bagagem teria que passar pelo check-in de novo?	Wird mein Gepäck durchgecheckt?
Qual é o portão?	Welcher Ausgang/gate ist es?
Onde fica o portão número [22]?	Wo ist der Ausgang/gate [22]?
Durante o vôo	**Während des Fluges**
Gostaria de me sentar junto com meu colega.	Ich würde gern mit meinem Kollegen zusammen sitzen.
Gostaria de sentar junto com minha família.	Ich würde gern mit meiner Familie zusammen sitzen
Com licença, mas acho que este é meu lugar.	Entschuldigen Sie bitte, aber ich glaube, das ist mein Platz.
Eu poderia trocar de lugar?	Könnte ich den Platz wechseln?
Poderia me dar uma [água], por favor.	Bitte, könnte ich etwas (Wasser) haben?
Estes fones não estão funcionando.	Diese Kopfhörer funkrionieren nicht.
Quanto tempo dura o vôo?	Wie lange dauert der Flug?
Quanto tempo falta para chegar em [São Paulo]?	Wie lange dauert es noch bis [São Paulo]?
Qual é o fuso horário entre [o Brasil] e [a Alemanha]?	Was ist der Zeitunterschied zwischen (Brasilien) und (Deutschland)?
Qual é a hora local em [São Paulo]?	Wie spät ist es jetzt in [São Paulo]?

Alfândega Zoll

Durante o vôo de volta ao Brasil, é distribuído um formulário de declaração de bagagem, para fins alfandegários. Este tipo de formulário não existe até o presente momento nos vôos para a Alemanha (felizmente, pois quem gosta de preencher formulários?) De fato, o passageiro, ainda só com a bagagem de mão, passa pelos agentes alfandegários, mas quase sem perceber, de tão discretos que são. Ocasionalmente, eles convidam um ou outro para abrir as malas, mas não é a regra. Também acontece de os agentes estarem postados logo na saída do "túnel móvel" do avião, acompanhados por cães farejadores; neste caso, estão à procura de algo definido e devem ter recebido uma dica ou denúncia.

Sobre o que é e não é permitido levar, há informações nos free-shops, ou no seu agente de viagem.

Alfândega – Perguntas	**Zoll – Fragen**
Qual é o motivo de sua estada em [Frankfurt]?	**Was ist der Grund für Ihren Aufenthalt in [Frankfurt]?**
Qual é o ramo de negócios?	**Was machen Sie beruflich?**
Seu [visto], por favor.	**Kann ich bitte Ihr (Visum) sehen?**
Quanto tempo pretende ficar?	**Wie lange bleiben Sie?**
Onde vai ficar?	**Wo sind Sie untergebracht?**
Você sabe o endereço?	**Wissen Sie die Adresse?**
Alfândega – Respostas	**Zoll – Antworten**
Estou aqui a passeio/a trabalho/para uma conferência/visitando um amigo.	**Ich mache hier Ferien / bin geschäftlich hier / bin auf einer Vortragsreise / besuche hier einen Freund.**
Vou ficar [uma semana].	**Ich bleibe (eine Woche).**
Vou ficar no [Hilton].	**Ich wohne im (Hilton)**
Vou ficar com [um amigo].	**Ich wohne bei (einem Freund).**

Problemas com a bagagem
Probleme mit dem Gepäck

Na hora de efetuar o check-in no aeroporto, o agente emite um cartão de embarque e geralmente cola os comprovantes da bagagem despachada, no verso do talão da passagem.

Nunca perca este comprovante, pois sem ele será muito mais difícil localizar a sua bagagem em caso de extravio.

PALAVRAS BÁSICAS	WICHTIGE WÖRTER
extraviado, perdido	verloren
danificado	beschädigt
mala	Koffer
bagagem	Gepäck
pasta	Aktentasche
bagagem de mão	Handgepäck
despachado	aufgegeben
chegar	ankommen
esteira	Transportband
etiqueta	Anhänger
comprovante	Beleg
caixa (de papelão)	Karton
caixa (de madeira)	Kiste
bolsa	Tasche

Registrando perda de bagagem	Sie melden den Velust Ihres Gepäcks
Acredito que a companhia tenha perdido minha bagagem.	Ich fürchte, mein Gepäck ist verloren gegangen.
Vou ficar no.(Hilton).	Ich wohne im (Hilton).
Vou ficar com...	Ich wohne bei...
Quanto tempo isso leva geralmente?	Wie lange dauert das im Allgemeinen?
Eu vou precisar de roupas e outras coisas enquanto isso.	In dieser Zeit brauche ich Kleidung und andere Sachen.
Quanto vou receber para comprar [o que preciso] agora?	Wie viel Geld bekomme ich für den Einkauf der Sachen, (die ich dringend brauche)?
Isso é um trastorno mesmo.	Das ist wirklich sehr unangenehm.
Quero falar com seu supervisor, por favor.	Ich möchte mit Ihrem Vorgesetzten sprechen, bitte.

Glossário de Termos Comuns em Aeroportos e Vôos

Para entender o cardápio do serviço de bordo (e pedir em alemão), veja o glossário "Para entender um cardápio" na página 65.

Alemão	Português
Abendessen	jantar
Abflug	decolagem
Abflüge	partidas
abschalten / ausschalten	desligar, apagar (luzes)
an Bord	a bordo
Anhänger	etiqueta
Ankunft	chegada
Ankunfts – und Abflugzeiten	horários de chegada/partida
anschalten / einschalten	ligar, acender (luzes)
Anschlussflug	vôo de conexão
Armlehne	braço da poltrona
aufgeben (Gepäck)	despachar (bagagem)
Aufruf zum Einsteigen	chamada de embarque
Aufzug	elevador
Ausgang	saída
Ausgang	portão, saída
aussteigen	desembarcar
Aussteigen	desembarque
Ausstellung von Passagen	emissão de passagens aéreas
Besatzung	tripulação
besetzt	ocupado
bestätigt	confirmado (no horário previsto de decolagem ou chegada)
Bildschirm	tela, monitor
Boden	solo
Bordkarte	cartão de embarque
Bordprogramm	entretenimento a bordo
Bordservice	serviço de bordo

Glossário de Termos Comuns em Aeroportos e Vôos

Bordstein	meio-fio
Buchung / Reservierung	reserva
Cockpit	cabine do piloto
Code share	compartilhamento de vôo (por duas ou mais empresas)
Counter	balcão
Decke	cobertor
dimmen	diminuir a luz
durch den Zoll gehen	passar (pela alfândega)
durchleuchten	(procedimento de passar pelo sistema de segurança do aeroporto antes de embarcar)
ein Upgrade geben	conceder um *upgrade*
Eingangshalle	saguão
einsteigen	embarcar
Einsteigen	embarque
Erdgeschoss	piso térreo
Erfrischungstuch	lenço úmido
E-ticket	bilhete eletrônico
Fenster	janela
festschnallen (Sicherheitsgurt)	afivelar (cinto)
Film	filme
Flotte	frota
Flug	vôo
Flugbegleiter / Steward	comissário de bordo
Flugbegleiterin / Stewardess	comissária debordo
Flügel	asa
Flughafen	aeroporto
Flughafengebühr	taxa de embarque
Flugplan	plano de vôo
Flugschein / Passage	passagem
Flugtarif	tarifa aérea

Glossário de Termos Comuns em Aeroportos e Vôos

Flugzeit	tempo de vôo, duração de vôo
Flugzeit zum Zielort	tempo até o destino
Flugzeug	avião
Frequent flyer	integrante de programa de fidelidade
Frequent flyer – Programm	programa de fidelidade
Frühstück	café-da-manhã
Gang	corredor
Gangway	rampa de acesso; escada para a aeronave
gelandet	no solo
Geldautomat	caixa eletrônico
Koffer	mala
Geldwechsel	câmbio
Genehmigung zum Abflug	autorização de partida
Gepäck	bagagem
Gepäckanhänger	etiqueta(s) da mala
Gepäckausgabe	restituição de bagagem, área de retirada da bagagem
Gepäckfach	compartimento superior (no interior da aeronave para guardar a bagagem de mão)
Gepäckträger	carregador
Gepäckwagen	carrinho
Getränk	bebida
gratis	cortesia, grátis
Gruppe	grupo
Gutschein	vale, *voucher*
Halle	saguão
Handgepäck	bagagem de mão
Haupthalle	saguão
Hin- und Rückflug	ida e volta
Hinflug	vôo de ida
Imbiss	lanche

Glossário de Termos Comuns em Aeroportos e Vôos

Inlandflug	vôo doméstico
Jetlag	cansaço provocado por viagens longas
Kabine	cabine
Kaffee	café
Kanal	canal
Kissen	travesseiro
Kommandant	comandante
Kopfhörer	fones de ouvido
Kurzstrecke	trecho curto
Landeanflug	aproximação final, pouso
Landung	pouso
Laufband	esteira (para pessoas)
Leselampe	lâmpada para leitura
letzter Aufruf	última chamada
Lift	elevador
Lounge	sala
luftkrank	enjoado
Luftkrankheit	enjôo
Luftraum	espaço aéreo
Maschine	aeronave
Mittagessen	almoço
Nachtflug	vôo noturno
namentlich aufrufen	chamar pelo nome
neu aufgeben	despachar novamente
Non-stop / direkt	sem escalas
Norden	norte
No-show	passageiro que não comparece no dia marcado do vôo
obere Etage	piso superior
Osten	leste
Paket "Fly & Drive"	pacote aéreo que inclui locação de um carro

Glossário de Termos Comuns em Aeroportos e Vôos

Parkplatz / Parkhaus	estacionamento
Partner – Airline	empresa aérea parceira
Passagier	passageiro
Passagier mit Bordkarte	passageiro com cartão de embarque
Passagiere mit Anschluss (nach)	passageiros em conexão (para)
Pendlerflug	ponte aérea
Platz	assento, poltrona
Reihe	fileira
Reise	viagem
Reiseagent	agente de viagem
Restaurantmeile	praça de alimentação
Rettungsweste	colete salva-vidas
rollen	estacionar a aeronave (ou sair do portão)
Rollstuhl	cadeira de rodas
Route	rota
scharf	afiado
senkrecht	posição vertical (da poltrona)
Shuttlebus	(espécie de microônibus que busca passageiros no aeroporto e os leva aos hotéis)
Sicherheit	segurança
Sicherheitsgurt	cinto de segurança
Strecke	trecho
Süden	sul
Tarif	tarifa
Tasche	bolsa
Táxi / Taxe	táxi
Tee	chá
Tisch	mesinha na parte posterior da poltrona
Toilette	toalete

Glossário de Termos Comuns em Aeroportos e Vôos

Toiletten	toaletes
Touristenklasse	classe econômica
Transfer	transporte entre o aeroporto e o hotel, normalmente parte de um pacote
Transithalle	sala de espera para passageiros em trânsito
Transitpassagier	passageiro em trânsito
Transportband	esteira de bagagem
Tresen (der Fluggesellschaft)	balcão (da empresa aérea)
überbucht	superlotado
Überbuchung	superlotação
unterbringen / verstauen	guardar
untere Etage	piso inferior
unterwegs	caminho a, de caminho a
Upgrade	mudança para uma categoria melhor (classe econômica para executiva, classe executiva para primeira classe etc.)
verspätet	atrasado
VIP-Lounge	sala VIP
Visum	visto
Vorrang	prioridade
während des Fluges	durante o vôo
Warteliste	lista de espera
Westen	oeste
Zoll	alfândega
Zollerklärung	declaração alfandegária
Zollformular	documento com declaração à alfândega
zollfrei	isento de taxas aduaneiras
zurückstellen	reclinar
Zwischenlandung	escala

Glossário de Termos Comuns em Aeroportos e Vôos

Português	Alemão
a bordo	an Bord
aeronave	Maschine
aeroporto	Flughafen
afivelar (cinto)	festziehen (Sicherheitsgurt)
agente de viagem	Reiseagent
alfândega	Zoll
almoço	Mittagessen
asa	Flügel
assento	Platz
atrasado	verspätet
avião	Flugzeug
bagagem	Gepäck
bagagem de mão	Handgepäck
balcão	Counter
bandeja (mesinha na parte posterior da poltrona)	Tisch
bebida	Getränk
bilhete eletrônico	E-ticket
braço da poltrona	Armlehne
cabine	Kabine
cabine do comandante	Cockpit
cadeira de rodas	Rollstuhl
café	Kaffee
café-da-manhã	Frühstück
caixa eletrônico	Geldautomat
câmbio	Geldwechsel
canal	Kanal
carregador	Gepäckträger
carrinho	Gepäckwagen
cartão de embarque	Bordkarte

Glossário de Termos Comuns em Aeroportos e Vôos

chá	Tee
chamada de embarque	Aufruf zum Einsteigen
chegada	Ankunft
cinto de segurança	Sicherheitsgurt
cobertor	Decke
colete salva-vidas	Rettungsweste / Schwimmweste
comandante	Kapitän / Kommandant
comissário de bordo	Flugbegleiter / Steward
comissária de bordo	Flugbegleiterin / Stewardess
compartimento superior	Gepäckfach
confirmado (no horário previsto de decolagem ou chegada)	bestätigt
corredor	Gang
cortesia (grátis)	gratis / Gruß
declaração alfandegária	Zollerklärung
decolagem	Start
decolar	starten
desembarcar	aussteigen
desembarque	Aussteigen
desligar, apagar (luzes)	ausschalten / abschalten
despachar (bagagem)	aufgeben (Gepäck)
elevador	Lift / Aufzug / Fahrstuhl
embarque	Einsteigen
embarque imediato	sofortiges Einsteigen
enjoado	luftkrank
enjôo	Luftkrankheit
escala	Zwischenlandung
espaço aéreo	Luftraum
estacionamento	Parkplatz / Parkhaus
esteira	Transportband
etiqueta	Anhänger
fileira	Reihe

Glossário de Termos Comuns em Aeroportos e Vôos

filme	Film
fones de ouvido	Kopfhörer
frota	Flotte
grupo (viajando com o passageiro)	Gruppe
guardar	verstauen
horário	Flugplan
ida (vôo somente de ida)	Hinflug
ida e volta	Hin- und Rückflug
janela	Fenster
jantar	Abendessen
lâmpada para leitura	Leselampe
lanche	Imbiss
lenço úmido	Erfrischungstuch
ligar, acender (luzes)	anschalten / einschalten
lista de espera	Warteliste
localizador	Locator
mala	Koffer
mesinha (na parte posterior da poltrona)	Tisch
nave	Maschine
no solo	gelandet
ocupado	besetzt
partidas	Abflüge
passageiro	Passagier
passagem	Flugschein
poltrona	Platz
ponte aérea	Pendelflug
portão	Ausgang
posição vertical (da poltrona)	senkrecht
pouso	Landung
praça de alimentação	Restaurantmeile
prioridade	Vorrang

Glossário de Termos Comuns em Aeroportos e Vôos

programa de fidelidade	Frequent- flyer-Programm
reclinar	zurückstellen / zurücklehnen
reserva	Reservierung / Buchung
restituição de bagagem, área de retirada da bagagem	Gepäckausgabe
rota	Route
saguão	Eingangshalle
sala VIP	VIP-Lounge
segurança	Sicherheit
sem escalas	Non-stop / direkt
serviço de bordo	Bordservice
solo	Boden
superlotação	Overbooking / Überbuchung
superlotado	überbucht
tela	Bildschirm / Monitor
tempo até o destino	Flugzeit zum Zielort
tempo de vôo, duração de vôo	Flugzeit
toalete	Toilette(n)
travesseiro	Kopfkissen / Kissen
trecho	Strecke
tripulação	Besatzung
vale, voucher	Gutschein
viagem	Reise
visto	Visum
vôo	Flug
vôo de conexão	Anschlussflug
vôo doméstico	Inlandflug / Inlandsflug
vôo noturno	Nachtflug

4 Táxis e outros meios de transporte

Taxis und andere Transportmittel

Ao sair do aeroporto, você vai se deparar com várias opções de transporte no solo, por exemplo, *TAXIS* (ou: *TAXEN)* (táxis) e *SHUTTLEBUSSE (espécie de microônibus/vans de leva-e-traz).* A vantagem: cada um desses meios pode estar incluído no transfer de um pacote de turismo. Ainda há o transporte coletivo, como metrô e ônibus, que será explicado mais adiante.

Aos motoristas de táxi, costuma-se dar gorjeta. Normalmente 10% da corrida é suficiente.

PALAVRAS BÁSICAS	WICHTIGE WÖRTER
quanto?	Wie viel?
qual a distância?	Wie weit?
é longe?	Ist es weit?
corrida	Fahrpreis

Passageiro	Passagier
Está livre?	Sind Sie frei?
A [Goethestraßet], por favor.	[Goethestraßet], bitte.
Quanto ficaria até ...?	Wie viel kostet es bis ...?
O _____ fica muito longe?	Wie weit ist es bis_____?
O endereço é...	Die Adresse ist ...
É perto de...	Es ist in der Nähe von ...
O sr. pode me deixar aqui na esquina, por favor.	Bitte setzen Sie mich hier an der Ecke ab.
Aqui está ótimo.	Hier ist es O.k.

Me dê só [5 Euros] de troco.	Geben Sie mir bitte (5 Euro) zurück.
Poderia me dar um recibo, por favor?	Könnte ich eine Quittung haben?
Fique com o troco. Obrigado.	Der Rest ist für Sie. Danke.

5 Alugando um carro
Sie mieten einen Wagen

Locar um automóvel pode ser uma experiência muito interessante. As distâncias, na Europa, não são grandes quando comparadas à imensidão do Brasil, e a cada esquina há algo interessante para ver. Viajando de carro, não somente você descobre estas riquezas como pode parar, descer e conhecer lugares e pessoas que passariam literalmente voando por você se andasse de trem. Você se aproxima mais das pessoas e conhece melhor os hábitos e costumes do país e vive mais o aspecto aventura que toda viagem deveria ter.

Como no Brasil, a maioria das locadoras oferece quilometragem livre (unbeschränkte Kilometerzahl) .

PALAVRAS BÁSICAS	WICHTIGE WÖRTER
carro	Wagen / Auto
quilometragem	Kilometerzahl
conversível	Kabriolett / Kabrio
de quatro portas	viertürig
bancos de couro	Ledersitze
picape	Pick-up
van	Van
caminhonete estilo Jeep Cherokee	Jeep
ar-condicionado	Klimaanlage

Algumas dicas sobre direção no exterior
Einige hinwcise für autofahrer

Estacionamento

Em grandes metrópoles, encontrar uma vaga para estacionar na rua pode ser muito difícil. O mais recomendável (embora seja caro) é deixar o carro dentro de um *PARKPLATZ* ou *PARKHAUS*. Há também parquímetros espalhados por estas cidades que controlam o tempo de estacionamento, e os agentes de tráfego passam com freqüência para fiscalizar (e multar você, caso o tempo "comprado " tenha se excedido).

Logradouros

Em alemão, o próprio nome da rua aparece antes do tipo do logradouro, p.ex.:

A placa de uma "Rua Goethe" terá a informação "Goethestraße" / "Goethe-Straße" ou, abreviado, "Goethestr."

Outros tipos de logradouros são: "Allee" (avenida ou alameda); "Weg" (caminho); "Gasse" (rua; termo mais usado no Sul da Alemanha) e "Platz" (praça). Então, quando você encontrar placas com os dizeres "Goethe-Allee", "Heinrich-Heine-Weg", "Thomas-Mann-Gasse" ou "Schillerplatz" etc., você já sabe.

Para mais vocabulário importante sobre direção no exterior, vá à página 30.

Cliente	Kunde
Gostaria de alugar um carro.	**Ich möchte einen Wagen mieten.**
Quanto é a diária?	**Wie hoch ist der Tagessatz?**
Quanto sai por semana?	**Wie viel kostet das pro Woche?**
Isso inclui quilometragem livre?	**Schließt das eine unbeschränkte/Kilometerzahl ein?**
O que vocês têm disponível?	**Was haben Sie zur Verfügung?**
Gostaria de um carro (pequeno/médio/grande).	**Ich möchte einen kleinen/mittelgroßen/großen Wagen.**

Gostaria de um(a)	carro conversível.	Ich möchte ein	Kabriolett
	caminhonete.	einen	Kombi
	picape.	einen	Pick-up
	carro esportivo.	einen	Sportwagen
	carro com câmbio automático.	einen	Wagen mit automatik
	carro com câmbio normal.	einen	Wagen mit normaler Gangschaltung
	carro com 4 portas.	einen	Wagen mit 4 Türen
	carro 4 x 4.	einen	Wagen mit Vierradantrieb
... com	ar-condicionado. bancos de couro. CD player. celular. GPS (estilo Jeep, Pagero, Cherokee etc.). DVD player.	mit	Klimaanlage Ledersitzen. CD-Player Mobiltelefon/ Handy. GPS. DVD-Player
	Tem...?		Hat der Wagen...?
O que o seguro cobre?		Welche Schäden deckt die Versicherung?	
Gostaria de uma cobertura completa.		Ich möchte eine Vollkaskoversicherung.	
O que acontece se	o carro quebrar?	Was passiert, wenn	ich eine Panne habe?
	for multado?	wenn	ich einen Strafzettel bekomme?
	eu bater com o carro?	wenn	ich einen Unfall habe?
Posso devolvê-lo no aeroporto?		Kann ich den Wagen am Flughafen zurückgeben?	
Aceita [American Express]?		Nehmen Sie [American Express]?	
Meu cartão cobre o seguro.		Meine Kreditkarte deckt die Versicherung.	
Atendente		Angestellter	

Muito bem. O que nós temos disponível é...	**Gut, dann wollen wir mal sehen, was wir haben. Also...**
Fica tudo em $25 por dia, incluindo quilometragem.	**Das macht 25 Euro pro Tag, inclusive gefahrene Kilometer.**
Fica tudo em $25 por dia, mais 5 centavos por quilômetro/milha.	**Das macht 25 Euro pro Tag, plus 5 Cent der gefahrene Kilometer.**
Para quantos dias você precisaria do carro?	**Für wie viele Tage brauchen Sie den Wagen?**
Certo, eu preciso da carteria de motorista e de um cartão de crêdito.	**O.k., ich brauche dann Ihren Führerschein und die Kreditkarte.**
Muito bem, vence no dia (três) e pedimos para entregar o carro com o tanque cheio.	**Gut, Sie bringen den Wagen dann am (dritten) zurück, bitte voll getankt.**
Aqui estão as chaves.	**Hier sind die Schlüssel.**
Está estacionado ali.	**Dort drüben steht er.**
Você precisa de mapa ou alguma coisa?	**Brauchen Sie eine Straßenkarte, einen Stadtplan oder dergleichen?**
Faça uma boa viagem.	**Gute Reise!**

No posto de gasolina — An der Tankstelle

Na Alemanha, o mais comum é o motorista abastecer seu próprio carro. Existem poucos frentistas, de modo que até completar a água do radiador, checar o nível do óleo e a calibragem normalmente ficam por conta do cliente. Depois de abastecer, você entra no escritório do posto para pagar, dizendo o número da bomba onde abasteceu. E além de pagar, aproveita geralmente para comprar algumas coisas na loja de conveniência, como no Brasil.

PALAVRAS BÁSICAS	WICHTIGE WÖRTER
gasolina	Benzin
encher, completar	auffüllen
pára-brisa	Windschutzscheibe
pneu	Reifen
conferir	nachsehen / checken
óleo	Öl
mapa (rodoviário / da cidade)	Karte/ Straßenkarte / Stadtplan

Self-service	Selbstbedienung
[l0 Euros] no número [11], por favor.	**[10 Euro] auf Nummer (11), bitte.**
Vocês têm [mapas] para vender?	**Haben Sie (Karten) zu verkaufen?**

Serviço com frentista	Mit Bedienung
[20 Euros] da comum/aditivada, por favor.	**[Für 20 Euro) Normalbenzin/ Super, bitte.**
Complete com [comum/aditivada], por favor.	**Bitte auffüllen mit Normalbenzin/ Super.**
Você pode verificar a frente para mim, por favor?	**Können Sie bitte den Wasser- und Ölstand prüfen?**
Você pode checar os [pneus] para mim, por favor?	**Können Sie bitte den Reifendruck prüfen?**
Acho que este pneu está um pouco baixo.	**Ich glaube, auf dem Reifen ist zu wenig Druck.**

Perguntando o caminho	Sie fragen nach dem Weg
Quanto falta para [Hannover], você sabe?	**Wie weit ist es noch bis Hannover?**
Estou/Estamos tentando ir a [Nürnberg].	**Entschuldigen Sie bitte, wir suchen den Weg nach (Nürnberg)**
Você sabe se estou/estamos no caminho certo?	**Wissen Sie, ob wir hier richtig sind?**
Você poderia me dizer como chegar a [Nürnberg]?	**Können Sie mir sagen, wie ich nach (Nürnberg) komme?**
É/Está longe?	**Ist es weit?**
Você pode me mostrar no mapa?	**Können Sie mir den Weg auf der Karte zeigen?**
Você poderia me fazer um mapa?	**Können Sie mir den Weg aufzeichnen?**
Como é que eu volto para a estrada?	**Wie komme ich auf die Autobahn zurück?**
Tem algum ponto de referência?	**Gibt es da irgendeinen markanten Punkt?**
Tem placas?	**Sind da Schilder / Verkehrsschilder?**

Glossário de Direção

Alemão	Português
abgeblendetes Licht	faróis baixos
Abschleppdienst	guincho
abschleppen	guinchar
Ampel	semáforo, sinal de trânsito
an den Straßenrand fahren	encostar
Auffahrt	rampa de acesso à rodovia
Ausfahrt (para carros); Ausgang (para pedestres)	saída
Autobahn	rodovia
Benzin	gasolina
bleifreies Benzin	gasolina sem chumbo (comum)
Bordstein	meio-fio
Bremsen	freios
Brücke	ponte
Bürgersteig, Gehweg	calçada
Ecke	esquina
Einbahnstraße	via de mão única
entgegengesetzt zur Fahrtrichtung	contramão
Erlebnisroute	caminho cênico (caminho, rota turística)
Ersatzreifen	estepe
Fahrgemeinschaft	sistema de carona entre amigos e colegas, para efeito de economia
Fernlicht	faróis altos
Führerschein	carteira de habilitação
Fußgängerübergang / Zebrastreifen	faixa de pedestres
Gefahr	perigo
Geschwindigkeitsbegrenzung	limite de velocidade
Halt!	Pare!
Hotel	hotel

Glossário de Direção

Hügel	morro, colina
Kabriolett	conversível
Kleinwagen	carro compacto
Kraftstoff	combustível
Kreisel	rotatória
Kreuzung	cruzamento
Ladezone	área para carregamentos
langsam	devagar
links	esquerda
links abbiegen verboten	proibido virar à esquerda
Luft	ar
Maut (tarifa) / Mautstation (lugar do pedágio)	pedágio
Norden	norte
Nur Be- und Entladen erlaubt	área restrita a carregamentos
Öl	óleo
Osten	leste
parken	estacionar
Parken in doppelter Reihe verboten	não estacione em fila dupla
Parkplatz / Parkhaus	estacionamento
Parkplatz für Behinderte	vagas para deficientes
Parkuhr	parquímetro
Radweg	ciclovia, faixa de bicicletas
rechts	direita
rechts abbiegen verboten	proibido virar à direita
Reifen	pneu
Ruhezone	área de repouso
Scheinwerfer	faróis
Schild / Verkehrsschild / Hinweisschild	placa, sinalização
Seitenstreifen	acostamento
Spur	pista, faixa

Glossário de Direção

Strafzettel / Strafmandat	multa
Straße	estrada
Straße	rua
Straßenreinigung	limpeza de rua
Süden	sul
Tankstelle	posto de gasolina
Tunnel	túnel
Übergang	travessia
Überholen verboten	não ultrapassar
Umkehren verboten	proibido fazer retorno
Viadukt / Überführung	viaduto
Vorfahrt	preferência
Vorfahrt lassen	ceder, dar preferência
Vorsicht	cuidado
wechseln	trocar
Westen	oeste

Glossário de Direção

Português	Alemão
acostamento	Seitenstreifen
ar	Luft
área de repouso	Ruhezone
calçada	Bürgersteig / Gehweg
carteira de habilitação	Führerschein
combustível	Kraftstoff
conversível	Kabriolett
cruzamento	Kreuzung
direita	rechts
encostar	an den Straßenrand fahren
esquerda	links
esquina	Ecke
estacionamento	Parkplatz / Parkhaus
estacionar	parken
estepe	Ersatzreifen
estrada	Straße / Bundesstraße / Landstraße
faixa de pedestres	Fußgängerübergang / Zebrastreifen
faróis	Scheinwerfer
freios	Bremsen
gasolina	Benzin
guincho	Abschleppdienst
leste	Osten
limite de velocidade	Geschwindigkeitsbegrenzung
meio-fio	Bordstein
morro, colina	Hügel
multa	Strafzettel / Strafmandat
norte	Norden
oeste	Westen
óleo	Öl

pedágio	Maut
pista	Spur
placa, sinalização	Schild (Auto: Nummernschild) / Verkehrsschild
pneu	Reifen
ponte	Brücke
posto de gasolina	Tankstelle
rodovia/ "freeway"	Autobahn
rotatória	Kreisel
rua	Straße
saída	Ausfahrt (carros) / Ausgang (pedestres)
semáforo, sinal de trânsito	Ampel
sul	Süden
travessia	Übergang
trocar	wechseln
túnel	Tunnel
vagas	freie Plätze
vagas para deficientes	Parkplatz für Behinderte
viaduto	Viadukt / Überführung

Transporte Público — Öffentliche Verkehrsmittel

Em cidades como Berlim, Munique, Hamburgo e muitas outras, a melhor maneira de você se locomover é o transporte público, sem enfrentar o estresse de ficar procurando um endereço em uma cidade desconhecida (a não ser, naturalmente, que você tenha um carro com o sistema de orientação por voz – só sabe-se lá se esta voz falaria em português!) O sistema de transporte público é geralmente excelente, e a malha, muito boa. Conforme a cidade, você escolhe entre ônibus, metrô e ainda um trem de superfície (não é o mesmo que aquele que interliga as cidades!). Nas paradas existem tabelas com os horários das diversas linhas de ônibus que em geral são pontuais, silenciosos e limpos.

Infelizmente, o sistema é diferente de cidade para cidade, com relação à compra dos bilhetes e ao sistema de cobrança por zonas. Geralmente, a pessoa compra o bilhete para o trem de superfície e o metrô, em máquinas instaladas nas plataformas dos trens, e os carimba ali mesmo. Nos ônibus, a pessoa fala para o motorista (que ao mesmo tempo é cobrador) o nome da estação onde quer ir, e assim vai comprar o bilhete certo (isto, nas plataformas dos trens, realmente é um pouco complicado).

Mas sempre é uma boa solução pedir ajuda e instruções ao porteiro do hotel, ou mesmo a uma pessoa na rua, que geralmente vai adorar ajudar a um brasileiro.

PALAVRAS BÁSICAS	WICHTIGE WÖRTER
ônibus	Bus
trem	Zug
subir	einsteigen
descer	aussteigen
bilhete	Fahrschein / Fahrausweis / Ticket
tarifa	Tarif
trocado	Kleingeld
conexão	Verbindung
trem de superfície	S-Bahn
metrô (subterrâneo)	U-Bahn

Este ônibus/trem vai a...?	**Fährt dieser Bus / dieser Zug nach...?**
Qual é o ônibus/trem que preciso pegar para chegar a...?	**Welchen Bus muss ich nehmen, wenn ich nach ... möchte?**
Estou indo a [Goethestraße].	**Ich fahre zur Goethestraße.**
Desce!	**Aussteigen, bitte!**
Com licença.	**Entschuldigen Sie bitte.**
Tem gente sentada aí?	**Sitzt hier schon jemand?**
Você/O senhor não quer sentar?	**Möchten Sie hier sitzen?**
Poderia me avisar quando chegarmos à minha parada?	**Bitte sagen Sie mir Bescheid, wenn ich aussteigen muss?**

6 Hospedagem
Unterkunft /Logis

Antes de viajar, e mesmo durante a viagem, você pode querer pesquisar hotéis no lugar onde quer ir. Para ajudá-lo nessa tarefa, dê uma olhada no glossário na página 41. A versão dele português-alemão é útil para falar com as pessoas do hotel (veja a p. 51).

PALAVRAS BÁSICAS	WICHTIGE WÖRTER
reserva	Reservierung
vista	Aussicht
não-fumante	Nichtraucher
frigobar	Minibar
piscina	Schwimmbad / Swimming Pool
bagagem	Gepäck
chave	Schlüssel
cofre	Safe
mensagem	Nachricht

Hotel – Hóspede	Hotel – Gast
Você tem vaga para [1 pessoa/ 2 pessoas] para o dia 3 de março?	**Haben Sie für den dritten März ein Einzelzimmer / ein Doppelzimmer frei?**
Eu tenho uma reserva.	**Ich habe eine Reservierung.**
Em nome de [Silva].	**Unter dem Namen(Silva) / Für [Silva].**
Aqui está o comprovante.	**Hier ist die Bestätigung..**
Eu quero um quarto para/ [1 pessoa/2 pessoas].	**Ich brauche ein Zimmer für (eine Person / zwei Personen)**
Para [2] noites.	**Für (2) Nächte.**

Quanto é a diária?	**Wie viel kostet das pro Tag?**
Tem [TV a cabo] nos quartos?	**Gibt es (Kabelfernsehen)?**
Tem banheiro no quarto?	**Hat das Zimmer ein eigenes Bad?**
Com café-da-manhã?	**Ist das Frühstück im Preis inbegriffen?**
Onde é o café-da-manhã?	**Wo ist der Frühstücksraum?**
Tem alguma vista?	**Hat es eine Aussicht?**
Gostaria/Gostaríamos de uma vista para [o mar], se possível.	**Ich hätte gern / wir hätten gern ein Zimmer mit Blick/ mit Aussicht aufs Meer, wenn möglich.**
Preciso ser acordado às [7:30].	**Ich möchte um (sieben Uhr dreißig) geweckt werden..**
A que horas é o check-out?	**Um wie viel Uhr muss ich auschecken?**
Como faço para conseguir uma linha?	**Wie bekomme ich das Amt?**
Posso deixar minha bagagem na recepção?	**Kann ich mein Gepäck am Empfang abstellen?**
Posso deixar meus objetos de valor no cofre?	**Kann ich meine Wertgegenstände in den Safe legen?**
Você(s) pode(m) me informar sobre as atrações locais?	**Haben Sie einen Prospekt mit Informationen für Touristen?**
Posso comprar ingressos aqui para (a ópera)?	**Bekomme ich bei Ihnen Karten für (die Oper)?**
Onde fica o ____ mais próximo?	**Wo ist der/ die / das nächste.?**
Tem um(a) ... por aqui?	**Ist hier in der Nähe ein... / eine?**
agência de viagens	**ein Reisebüro**
banca de revistas	**ein Kiosk**
banco	**eine Bank**
bar	**eine Bar / eine Kneipe**
borracharia, borracheiro	**eine Reifenreparatur**
cabeleireiro	**ein Friseur**
café	**ein Café**
caixa eletrônico	**ein Geldautomat**
correios	**eine Post**
cyber café (ponto de acesso à Internet)	**ein Internetcafé**
delegacia	**eine Polizeiwache**

dentista	**ein Zahnarzt**
discoteca	**eine Diskothek**
drogaria	**eine Drogerie**
farmácia	**eine Apotheke**
hospital	**ein Krankenhaus**
hotel	**ein Hotel**
livraria	**eine Buchhandlung**
loja de calçados	**ein Schuhgeschäft**
loja de câmeras	**ein Fotogeschäft**
loja de CDs	**ein CD-laden**
loja de eletrônica	**ein Geschäft für Unterhaltungselektronik**
mercadinho	**ein Tante-Emma-Laden**
oficina	**eine Werkstatt / Autowerkstatt**
ótica	**ein Optiker**
padaria	**eine Bäckerei**
papelaria	**ein Papiergeschäft**
posto de gasolina	**eine Tankstelle**
restaurante	**ein Restaurant**
shopping	**ein Einkaufszentrum**
supermercado	**ein Supermarkt**
tabacaria	**ein Tabakladen**
tinturaria	**eine Reinigung**
Tem algum recado para mim?	**Haben Sie eine Nachricht für mich?**
O _____ está quebrado	**Der.../ die.../ das... ist kaputt.**
A pia/o ralo do chuveiro está entupido.	**Das Waschbecken / der Abfluss in der Dusche ist verstopft.**
O vaso não está dando descarga.	**Die Spülung in der Toilette funktioniert nicht.**
Não tem água quente.	**Es kommt kein heißes Wasser.**
A minha chave não funciona.	**Mein Schlüssel funktioniert nicht.**
O [aquecimento/ar-condicionado] não está funcionando.	**Die Heizung / die Klimaanlage funktioniert nicht.**
Será que tem alguém para consertá-lo?	**Haben Sie einen Handwerker, der das repariert?**

Eu gostaria que trocassem as toalhas no quarto [22], por favor.	**Bitte lassen Sie frische Handtücher auf Zimmer (22) bringen.**
Gostaria de trocar de quarto, por favor.	**Ich hätte gern ein anderes Zimmer.**
Gostaria de ficar mais um dia, por favor.	**Ich möchte gern einen Tag länger bleiben.**
Gostaria de fechar a conta, por favor.	**Bitte, machen Sie meine Rechnung fertig.**
Você poderia fazer uma conta separada para o telefone, por favor?	**Ich hätte gern eine Extra-Rechnung für meine Telefongespräche.**
Aqui é/do quarto [22]. Vocês poderiam mandar alguém vir buscar a bagagem, por favor?	**Hier Zimmer (22). Können Sie mir bitte jemanden schicken,der das Gepäck hinunterbringt?**
Hotel – Recepção	**Hotel – Empfang**
Infelizmente não temos vaga.	**Ich bedaure, wir sind ausgebucht.**
Você tem reserva?	**Haben Sie eine Reservierung?**
Qual é o nome, por favor?	**Wie ist der Name, bitte?**
A saída é às [11h].	**Sie müssen das Zimmer um elf Uhr räumen.**
Só preciso que você me preencha isto, por favor.	**Bitte füllen Sie das hier aus.**
Certo, e preciso que assine aqui, por favor.	**In Ordnung, und dann unterschreiben Sie hier, bitte.**
Você tem um cartão de crédito ou algum documento, por favor?	**Haben Sie eine Kreditkarte oder einen anderen Ausweis, bitte?**
Aqui está sua chave.	**Hier ist Ihr Schlüssel.**
Tenha uma boa estada.	**Ich wünsche Ihnen einen angenehmen Aufenthalt.**
Pegando o elevador, é o [terceiro] andar.	**Nehmen Sie den Lift / Aufzug / Fahrstuhl. Dritter Stock.**
Gostaria de uma ajuda com as malas?	**Möchten Sie, dass wir Ihnen das Gepäck aufs Zimmer bringen?**
Fechando a conta?	**Verlassen Sie das Hotel heute?**
Consumiu alguma coisa do frigobar?	**Hatten Sie etwas aus der Minibar?**

Hospedado com uma família	Bei einer Familie zu Gast
A que horas posso tomar banho?	Wann passt es, dass ich dusche?
Tudo bem se eu...?	Ist es recht, wenn ich ...?
Você(s) se importa(m) se eu usar o telefone para uma ligação local?	Macht es etwas aus, wenn ich von hier aus ein Ortsgespräch führe?
Posso usar seu [telefone]?	Darf ich Ihr (Telefon) benutzen?
Dormi muito bem, obrigado.	Danke, ich habe sehr gut geschlafen.
Achei que deveria falar: [a água quente] não está funcionando.	Ich glaube, ich sollte es euch sagen: (der Heißwasserhahn) funktioniert nicht..
Queria só avisar que não volto para o jantar [hoje à noite].	Ich wollte nur Bescheid sagen, dass ich zum Abendessen nicht hier bin.

Glossário de Termos Hoteleiros

Glossar Wortschatz Hotel: Deutsch – Portugiesisch

Use este glossário antes de viajar (para pesquisar e entender anúncios de hotéis no exterior) e durante a sua estada.

Alemão	Português
Abendessen	jantar
absetzen	deixar (de carro) a pessoa no local aonde deseja ir
am Pool	à beira da piscina
am Wasser / am Ufer	à beira-mar, lago, lagoa etc.
Andenkenladen	loja que vende souvenirs
angemessen	conveniente/convenientemente
Attraktionen	atrações
Aufenthalt	estada
Auschecken	hora de saída
Ausgang	saída
ausgebucht	completo, sem vagas
ausgestattet mit	equipado com

Glossar Wortschatz Hotel

ausschalten / ausmachen	desligar, apagar (luzes)
Ausweis	identidade
Automaten	máquinas distribuidoras automáticas de refrigerantes, lanches e salgadinhos
Autovermietung	locação de automóveis
Badeanzug	traje de banho
Badetuch	toalha de banho
Badewanne	banheira
Balkon	sacada
Behinderte	deficiente físico
Belegung	ocupação
berechnen	cobrar
Besichtigungen machen	passear, passeio pela cidade
bestellen	pedir
Bett	leito
Betttücher / Bettlaken	lençóis
Bettwäsche	roupa de cama
Bibel	Bíblia
Bitte nicht stören!	não perturbar
Blick / Aussicht	vista
Block	quadra
Boden	piso
Boutique	loja
Brunch	mistura de *breakfast* e *lunch*, servido perto do meio-dia
Buchen, Buchung	reservar, reserva
Bügelbrett	tábua de passar roupa
Bügeleisen	ferro para passar roupa
Business Center	instalações do hotel com computador, fax etc.
Cocktailbar	bar de hotel

Glossar Wortschatz Hotel

dankbar	agradecido
Daunendecke	edredom
Decke	cobertor
Deckenventilator	ventilador de teto
direkt am Meer / mit Blick aufs Meer	beira-mar, com vista para o mar
Doppelbett	cama de casal
doppelt	duplo /a
DSL/ Breitband	Internet de banda larga
Dusche	chuveiro
Duschhaube	touca de banho/chuveiro
eigenes Bad	banheiro no quarto
ein frisches Handtuch	toalha limpa, nova
ein paar Schritte von	"a uns poucos passos de"
Eingangshalle	saguão
Einkaufen	compras
Einrichtungen / Gelegenheit	instalações
einschalten / anmachen	ligar, acender (luzes)
Einzelbett	cama de solteiro
Einzelperson	uma pessoa
Eisbereiter	máquina de gelo
Empfangschef / Empfangsdame	recepcionista
Erdgeschoss	piso térreo
extra / zusätzlich	adicional
Familienbetrieb	empresa familiar
Farbfernseher	TV em cores
Fenster	janela
Fernsehraum	sala de televisao
fließt über	está transbordando
Finanzzentrum	centro financeiro
Fitness-Studio	academia

Glossar Wortschatz Hotel

Forderung	cobrança
freies Zimmer	vaga (quarto disponível)
Friseur	cabeleireiro
Frisiersalon / Friseur	salão de beleza
Frühstück	café-da-manhã
Frühstück im Bett	café na cama
Frühstücksbuffet	café-da-manhã self-service à vontade
ganz in der Nähe von	perto de
ganzjährig	durante o ano todo
Gardinen	cortinas
Garten / Gartenanlagen	jardim, jardins
Gast	hóspede
Gästezimmer	quarto de hóspede
Gastfreundschaft	hospitalidade
Gasthof	pousada
gebügelt	(roupa) passada
gegenüber	de cara para, em frente a
geheizt	aquecido
geheiztes Schwimmbad, geheizter Pool	piscina aquecida
Gelbe Seiten	as páginas amarelas
gemeinsames Bad	banheiro compartilhado entre outros hóspedes do hotel
geräumig	espaçoso
Geschäftsführer	gerente
Getränk	bebida
Glühbirne	lâmpada
Gruppentarif	tarifa de grupo
Gruß	cortesia da casa
Haartrockner	secador de cabelo

Glossar Wortschatz Hotel

Habseligkeiten / Sachen	pertences
Hallenbad	piscina coberta
Handtuch	toalha de rosto
Häuschen	cabana
Haustiere	animais de estimação
Hauswirtschaft	governança
Heizung	aquecimento
Herberge	albergue
Herd	fogão
Hol- und Bringdienst	serviço de leva-e-traz
Hotelpage	mensageiro, carregador
Hotelpagenservice	serviço de mensageiro, carregador
Hotelpersonal	pessoal, funcionários do hotel
Hotelsafe / Hoteltresor	cofre do hotel
im Herzen von	no coração de
im Zimmer / auf dem Zimmer	dentro do quarto
in den Räumlichkeiten des Hotels	nas dependências do hotel
In der Nähe	perto de
In der Nähe von	perto do/a
in Gehweite / zu Fuß zu erreichen	a uma distância que pode ser facilmente percorrida a pé
inbegriffen / inklusive	incluso
Internetanschluss	tomada no quarto para acesso à Internet
ist undicht	está vazando
jede Nacht	cada noite
Jugendherberge	albergue estudantil
Kabelfernsehen	TV a cabo
Kaffeemaschine	cafeteira
Kamin	lareira
Kessel	chaleira

Glossar Wortschatz Hotel

Klappbett	cama dobrável, usada em situações em que não há camas suficientes no quarto para acomodar a quantidade de hóspedes
Kleiderschrank	armário para roupas
Klimaanlage	ar-condicionado
komfortabel	confortável
komplettes Frühstück	café-da-manhã completo
Kopfkissen	travesseiro
Kopfkissenbezug	fronha
Kühlschrank	geladeira
Kurtaxe	tipo de imposto de turismo
Lage	localização
langfristiger Aufenthalt	estada de longa duração
Lärm	barulho
Leck	vazamento
Licht	luz
liefern	entregar
Lift / Fahrstuhl / Aufzug	elevador
luxuriös	de luxo
Luxus	de luxo
Luxushotel	hotel de luxo, especialmente na praia; resort
Make-up-Spiegel	espelho de maquiagem
Management / Verwaltung	administração
Massage	massagem
mieten	alugar, locar
Mikrowelle	microondas
Mini-Kühlschrank	frigobar
mit Blick auf	com vista para
Mittag	meio-dia
Mittagessen	almoço
monatlich	mensal, mensais

Glossar Wortschatz Hotel

Nachmittagstee	chá da tarde
Nachricht	mensagem
Nachtleben	vida noturna
nähen	costurar
Nähetui	kit de costura
neben	ao lado de
Nichtraucherzimmer	quarto para não-fumante
Ortsgespräch	chamada local
Paket	pacote
Parkplatz	estacionamento
Pension	hotel pequeno
PIN- Nummer	código de acesso ("Personal Identification Number")
Pool	piscina
Preisnachlass / Rabatt	desconto
preiswert	em conta
privat	particular, privado
Raucher	fumante
Raum für Spiele	sala de jogos
Rechnung	fatura, conta
reizend / zauberhaft	charmoso
renoviert	reformado
Reservierungen	reservas
Rettungsschwimmer	salva-vidas
Rezeption, Empfang	recepção
ruhig	silencioso
rund um die Uhr	24 horas
Safe	cofre
sauber	limpo
Sauna	sauna
Schlüssel	chave
Schlüsselchipkarte	cartão do quarto

Glossar Wortschatz Hotel

schmutzig	sujo
Schreibtisch	escrivaninha
Schublade	gaveta
Schuhputzer	engraxate
Schwimmbad	piscina
Schwimmbad im Freien	piscina ao ar livre
Seife	sabonete
Sênior (M), Seniorin (F)	pessoa idosa
Shuttlebus / Shuttlevan	tipo de van/caminhonete que funciona como táxi para passageiros em trânsito entre aeroporto e hotel
Sonnendeck	terraço, área aberta para tomar Sol
sonnig	ensolarado
spätes Auschecken	saída de hotel mais tarde do que o normal
Spezialtarif	tarifa especial
Spiegel	espelho
Spielplatz	parquinho para crianças
Stadtplan	Mapa da cidade
Stadtrundfahrt / City Tour	*city tour*
Stadtzentrum	centro da cidade
Stärke	goma
stärken	engomar
Sternchen	asterisco (tecla de telefone)
Stock / Stockwerk / Etage	andar
Tagesheilbad	spa de uso durante o dia
Tarif(e))	tarifa(s)
Taxi	táxi
Tee	chá
Telefon	telefone
Teppichboden	carpete
Terrasse	terraço

Glossar Wortschatz Hotel

Theatermeile	recinto da cidade com concentração de teatros
Toaströster	torradeira
Tour / Spaziergang / Spazierfahrt	passeio
Transport	transporte
Tresen	balcão
Trinkgeld	gorjeta
Tuch/Badetuch	toalha/toalha de banho
Übernachtung	pernoite
Unterkunft / Unterbringung	alojamento, acomodação
verfügbar	disponível
Versammlungsraum	sala para reuniões
verstopft	entupido
Videorecorder	aparelho de vídeo
Voice-mail	caixa postal de voz
voll ausgerüstet	totalmente equipado
Warmwasser	água quente
Waschbecken	pia de banheiro
Wäscherei	lavanderia
Wecker	despertador
Weckruf	chamada de despertar
Wertgegenstände	pertences (de valor)
Whirlpool	jacuzzi
Wochenendtarif	tarifa de fim de semana
wöchentlich	semanal
Zeitschrift	revista
Zeitung	jornal
Zentralheizung	aquecimento central
Zentrum	centro, centro da cidade
ziehen	dar descarga
Zimmer	quarto
Zimmer mit Verbindungstür	quartos conjugados

Glossar Wortschatz Hotel

Zimmer mit zwei Einzelbetten	duas camas de solteiro em um quarto
Zimmerdienst	serviço de arrumadeira, camareira
Zimmermädchen	camareira, arrumadeira
Zimmerservice	serviço de quarto
zugänglich für	acessível para
Zustellbett	cama dobrável usada em situações em que não há camas suficientes no quarto para acomodar a quantidade de hóspedes

Glossário de Termos Hoteleiros

Português	Alemão
academia	Fitness-Studio
acomodação	Unterbringung
adicional	extra / zusätzlich
administração	Management / Verwaltung
água quente	Warmwasser
albergue	Herberge
albergue estudantil	Jugendherberge
almoço	Mittagessen
alojamento	Unterkunft
alugar	mieten
andar	Stock / Stockwerk / Etage
aquecimento	Heizung
arrumadeira	Zimmermädchen
ar-condicionado	Klimaanlage
armário	Kleiderschrank
atrações	Sehenswürdigkeiten
balcão	Tresen
banheira	Badewanne
bar de hotel	Cocktailbar / Hotelbar
barulho	Lärm
bebida	Getränk
beira-mar	am Strand / am Meer
Bíblia	Bibel
cabana	Häuschen
cabeleireiro	Friseur
café-da-manhã	Frühstück
café-da-manhã completo	komplettes Frühstück
café na cama	Frühstück im Bett
cafeteira	Kaffeemaschine

Glossário de Termos Hoteleiros

caixa postal de voz	Voice mail
cama	Bett
cama de solteiro	Einzelbett
camareira	Zimmermädchen
carpete	Teppichboden
carregador	Gepäckträger
cartão do quarto	Schlüsselchipkarte
centro da cidade	Stadtzentrum
centro financeiro	Finanzzentrum
chá	Tee
chá das 5	Fünf-Uhr-Tee
chaleira	Kessel
chamada de despertar	Weckruf
chamada local	Ortsgespräch
chave	Schlüssel
cheiro	Geruch
cheiro ruim	schlechter Geruch / Gestank
chuveiro	Dusche
city tour	Stadtrundfahrt / City Tour
cobertor	Decke
chamada a cobrar	R-Gespräch (pronuncia-se: Er-Gespräch)
código de acesso	PIN-Nummer
cofre	Safe
cofre do hotel	Hotelsafe / Hoteltresor
compras	Einkaufen
confortável	komfortabel
conta	Rechnung
controle remoto	Fernbedienung
cortesia da casa	Gruß
cortinas	Gardinen / Vorhänge
costurar	nähen

Glossário de Termos Hoteleiros

cozinha	Küche
dar descarga	ziehen
deficiente físico	Behinderte
desconto	Rabatt
desligar, apagar (luzes)	ausschalten / abschalten / ausmachen
despertador	Wecker
disponível	verfügbar / zur Verfügung
edredom	Daunendecke
elevador	Lift / Aufzug / Fahrstuhl
engraxate	Schuhputzer
ensolarado	sonnig
entregar	liefern / bringen / abgeben
entupido	verstopft
escrivaninha	Schreibtisch
escuro	dunkel
espelho	Spiegel
estacionamento	Parkplatz / Parkhaus
estada	Aufenthalt
fatura	Rechnung
ferro de passar roupa	Bügeleisen
fogão	Herd
frigobar	Minibar
fronha	Kopfkissenbezug
fumante	Raucher
gaveta	Schublade
geladeira	Kühlschrank
gerente	Geschäftsführer
goma	Stärke
gorjeta	Trinkgeld
governança	Hauswirtschaft
grátis	frei, gratis

Glossário de Termos Hoteleiros

hóspede	Gast
identidade	Ausweis
incluso	inklusive / inbegriffen
instalações	Einrichtungen
Internet de banda larga	DSL / Breitband
jacuzzi	Whirlpool
janela	Fenster
jantar	Abendessen
jardim, jardins	Garten / Gartenanlagen
jornal	Zeitung
kit de costura	Nähetui
lâmpada	Glühbirne
lareira	Kamin
lavanderia	Wäscherei
leito	Bett
lençóis	Betttücher / Bettlaken
ligar, acender (luzes)	anschalten / einschalten / anmachen
limpo	sauber
lista telefônica	Telefonbuch
localização	Lage
loja	Geschäft / Laden
luz	Licht
mapa da cidade	Stadtplan
máquina de gelo	Eisbereiter
massagem	Massage
mensageiro	Page / Hotelpage
mensagem	Nachricht
mensal	monatlich
microondas	Mikrowelle
não perturbar	Bitte nicht stören!
pacote	Paket

Glossário de Termos Hoteleiros

Páginas Amarelas	Gelbe Seiten
particular, privado	privat
passeio	Tour / Spaziergang (a pé) / Ausflug
pedir	bestellen
pernoite	Übernachtung
pertences (de valor)	Wertgegenstände
perto de	in der Nähe von
pia de banheiro	Waschbecken
pilha	Batterie
piscina	Schwimmbad / Pool
piscina ao ar livre	Schwimmbad im Freien
piscina aquecida	geheiztes Schwimmbad
piscina coberta	Hallenbad
piso	Stock / Stockwerk / Etage
pousada	Gasthof
quadra	Block
quarto	Raum
quarto para não-fumante	Nichtraucherzimmer
quartos conjugados	Zimmer mit Verbindungstür
recepção	Rezeption / Empfang
recepcionista	Empfangschef (M) / Empfangsdame (F)
reserva	Reservierung
roupa de cama	Bettwäsche
sabonete	Seife
sacada	Balkon
sala de televisão	Fernsehraum
sala para reuniões	Versammlungsraum / Konferenzzimmer
salão de beleza	Frisiersalon / Friseur
salva-vidas	Rettungsschwimmer
sauna	Sauna
secador de cabelo	Haartrockner

Glossário de Termos Hoteleiros

semanal	wöchentlich
serviço de leva-e-traz	Hol- und Bringdienst
serviço de quarto	Zimmerdienst
silencioso	ruhig
sujo	schmutzig
tábua de passar roupa	Bügelbrett
tarifa	Tarif
tarifa de fim de semana	Wochenendtarif
tarifa de grupo	Gruppentarif
tarifa empresarial	Sondertarif für Firmen
terraço	Terrasse
toalha / toalhas	Handtuch / Handtücher
toalha de banho	Badetuch
toalha de rosto	Handtuch
toalha limpa, nova	frisches Handtuch
torradeira	Toaströster
traje de banho	Badeanzug
transbordar	überlaufen
trânsito	Durchreise
transporte	Transport
travesseiro	Kopfkissen
TV a cabo	Kabelfernsehen
vaga, vagas	ein freies Zimmer / freie Zimmer
varanda	Veranda
vazamento	Leck / Wasserschaden
ventilador de teto	Deckenventilator
vida noturna	Nachtleben
vista	Blick / Aussicht

7

Restaurantes
Restaurants: Auswärts essen

Para qualquer um, comer fora do seu país de origem representa, no mínimo, uma aventura.

Primeiro, cabe aqui mencionar um detalhe que, pensando bem, não é surpresa: é possível pedir comida em quase qualquer restaurante onde se fala somente alemão, sem saber falar alemão. *Como assim?* Fácil. É só apontar com o dedo algum item no cardápio (se é que entende o que está escrito) ou comida na vitrine (se é que existe uma exposição de comidas, bolos etc.). Ou seja, mesmo sem saber nada de alemão, você não vai passar fome. Agora, para ir além do circuito *fast-food* e explorar a comida boa nos países onde se fala alemão, vale a pena preparar-se um pouco com este guia.

As escolhas mais comuns em um restaurante

Sem dúvida alguma, na Alemanha é o pão que apresenta mais variedades, ainda de região para região, e muitas vezes mudam também os nomes. O caso mais "famoso" é o do pãozinho, que deve ter uns 8 nomes diferentes (em Berlim, chama-se "Schrippe", em Hamburgo, "Rundstück", e por aí afora). É que o alemão tradicionalmente adora o pão, e entrar em uma padaria às vezes significa ficar em uma solene dúvida sobre o que levar.

EIER – OVOS		BROT / BRÖTCHEN – PAO / PAOZINHO	
Rührei / Rühreier	ovos mexidos	**Weißbrot**	pão branco, pão de sanduíche
Spiegelei / Spiegeleier	ovo frito/ ovos fritos	**Graubrot**	pão misto
ein weiches Ei	ovo quente (4 a 5 minutos)	**Schwarzbrot**	pão preto
ein hartes Ei	ovo cozido (8 a 9 minutos)	**Vollkornbrot**	pão integral
		Baguette	pão francês
		Brötchen	pãozinho
		Vollkornbrötchen	pãozinho integral

Por exemplo, um diálogo para pedir um café-da-manhã seria assim:

OBER: Haben Sie schon gewählt?	GARÇOM: Já escolheu?
GAST: Ich hätte gern die Nummer zwei.	CLIENTE: Queria o prato número dois.
OBER: Gut. Und wie wünschen Sie die Eier?	GARÇOM: Certo. E que tipo de ovos?
GAST: Rühreier bitte.	CLIENTE: Mexidos, por favor.
OBER: Und was für eine Sorte Brot hätten Sie gern für den Toast?	GARÇOM: E que tipo de pão vai querer para as torradas?
CUSTOMER: Vollkornbrot, bitte.	CLIENTE: Integral, por favor.

Em Roma, faça como os romanos

É claro que todos nós gostamos do familiar. Durante uma viagem, principalmente a negócios, a tentação é não fugir muito do conhecido. Lógico que existem lanchonetes com hambúrgueres e restaurantes italianos e até restaurantes brasileiros em praticamente qualquer lugar do mundo. Porém, seria uma pena ir à Califórnia, por exemplo, e não experimentar sua deliciosa comida mexicana, ou ir a Londres e não provar o maravilhoso leque de comida indiana que tem por lá. Tal como o brasileiro não come "comida brasileira" todos os dias, pessoas de outros países também costumam comer o que os imigrantes desenvolveram trazendo a culinária de suas terras de origem.

Este também é o caso da Alemanha, onde nem sempre se come chucrute e joelho de porco, mas também os quitutes da cozinha grega, indiana, tailandesa ou árabe e ainda os inigualáveis döner que os imigrantes turcos acrescentaram à cozinha alemã.

Não pague mico

Existem alguns costumes e restrições nos restaurantes do exterior que podem não existir no Brasil:

- Hoje em dia, na maioria dos países de língua alemã, não se permite mais fumar dentro de qualquer ambiente público, muito menos dentro de restaurantes.
- Geralmente, existe um garçom para cada seção de um restaurante. Portanto, não insista em fazer pedidos a qualquer um. Peça a um garçom para chamar o que atende sua seção.
- Para chamar o garçom, chame "Herr Ober" ou tente estabelecer um contato visual, fazendo entender que você quer ser atendido. E tem uma palavra que é um verdadeiro abre-te-sésamo: "bitte" ("por favor")!
- Quase sem exceção, é costume deixar gorjeta. Essa gorjeta geralmente varia entre 10% (restaurante simples) e 20% (restaurante caro ou serviço especialmente bom). A maioria calcula 15%. Mas é possível mostrar a sua eventual insatisfação pelo tamanho menor da gorjeta. (O serviço propriamente dito está já incluído na conta.)
- Quando se pede água, há três alternativas: água da torneira (que, na Alemanha, geralmente é de excelente qualidade): "Leitungswasser". Ou se pede "Mineralwasser" (água mineral com gás), ou ainda "Stilles Wasser" (água mineral sem gás)

PALAVRAS BÁSICAS	WICHTIGE WÖRTER
mesa	Tisch
guardanapo	Serviette
copo	Glas
garfo	Gabel
faca	Messer
colher	Löffel
água	Wasser
cardápio	Speisekarte
garçom	Kellner (profissão) / Ober (para chamar: "Herr Ober")
garçonete	Kellnerin (profissão) / "Fräulein" (para chamar: "Fräulein, bitte")
fumar	rauchen
setor de não-fumante	Nichtraucherzone
conta	Rechnung
pedir	bestellen
toalete	Toilette
mais um	noch ein ..../ noch eine ...
cerveja	Bier
vinho	Wein
por favor (chamando atenção)	bitte
adoçante	Süßstoff
açúcar	Zucker
sal	Salz
mostarda	Senf
bebidas	Getränke

Veja o glossário de alimentos na página 96.

No restaurante – Cliente	Im Restaurant-Gast
Quero fazer uma reserva para [2 pessoas] para [as 8 horas de hoje à noite], por favor.	Ich möchte gern einen Tisch reservieren lassen, für (2 Personen) für (heute Abend um acht Uhr).
Uma mesa para [2], por favor.	Einen Tisch für (2 Personen) bitte.
Somos [2].	Wir sind zu zweit.
Estamos aguardando mais [uma] pessoa. / mais [duas] pessoas.	Wir erwarten noch eine Person / zwei Personen

Tem espera?	**Müssen wir warten?**
Tem uma seção para fumantes?	**Gibt es eine Raucherzone?**
Podemos nos sentar [próximos à janela]?	**Könnten wir einen Tisch (am Fenster) haben?**
Onde fica o toalete?	**Wo ist die Toilette, bitte?**
Permite-se fumar aqui?	**Darf man hier rauchen?**
Posso ver um cardápio, por favor?	**Könnte ich bitte die Speisekarte haben?**
Preciso de mais um tempinho, por favor.	**Ich brauche noch einen Augenblick..**
Por favor, gostaria de fazer o pedido.	**Bitte, ich möchte gern bestellen.**
Vou pedir um/o...	**Ich hätte gern ...**
Isso acompanha [uma salada]?	**Gehört (ein Salat) dazu?**
Posso substituir [uma salada] pela [sopa]?	**Kann ich statt (Salat) eine (Suppe) haben?**
Vou pedir o mesmo que você.	**Ich nehme dasselbe wie Sie / wie du.**
Dois, por favor.	**Zweimal, bitte.**
Que sucos/cervejas vocês têm?	**Was für Bier / Saft haben Sie?**
Qual é a sopa do dia?	**Welche Tagessuppe haben Sie?**
O que você recomenda?	**Was können Sie empfehlen?**
Queria o [purê de batatas] separado.	**Ich hätte gern (das Kartoffelpüree) extra.**
Nós vamos dividir isso.	**Das teilen wir uns.**
Vocês têm pratos para crianças?	**Haben Sie einen Kinderteller?**
Vocês têm pratos vegetarianos?	**Haben Sie vegetarisches Essen?**
Vocês têm pratos *light*?	**Haben Sie Gerichte "light"?**
Gostaria de ver a carta de vinho, por favor.	**Ich hätte gern die Weinkarte.**
Pode trazer um/mais um talher, por favor?	**Können Sie bitte noch ein Besteck bringen?**
Você pode me trazer um garfo/colher/faca por favor?	**Kann ich bitte eine Gabel / einen Löffel / ein Messer haben?**

Você pode me trazer mais	um garfo uma colher uma faca Um copo um prato um guardanapo	por favor?	**Kann ich bitte noch**	**eine Gabel einen Löffel ein Messer ein Glas einen Teller eine Serviette**	**haben?**

Por favor, você pode me/nos trazer	ketchup	Kann ich / können wir	**Ketchup**	**haben, bitte?**
	mostarda		**Senf**	
	sal		**Salz**	
	pimenta		**Pfeffer**	
	açúcar		**Zucker**	
	adoçante		**Süßstoff**	
	queijo parmesão		**Reibkäse**	
	guardanapos		**Servietten**	
	palitos		**Zahnstocher**	

Você pode me/nos trazer mais [pão], por favor?	**Können Sie mir/ uns noch etwas Brot bringen, bitte?**
Você pode mandar esquentar meu prato, por favor?	**Bitte, lassen Sie das etwas aufwärmen.**
Você pode chamar o nosso garçom, por favor?	**Bitte, können Sie den Ober rufen, der uns bedient?**
Não foi isso que eu pedi.	**Das habe ich nicht bestellt.**
Eu pedi o...	**Ich habe das... / die.../ den... bestellt...**
Eu/pedi [2 águas].	**Ich habe (2 Mineralwasser) bestellt.**
Tem um [cabelo] no/a meu/minha [sopa].	**Da ist ein (Haar) in meiner (Suppe).**
Gostaria de falar com o gerente.	**Ich möchte den Geschäftsführer sprechen.**
Nossa. O seu está com uma cara ótima.	**Donnerwetter! Das sieht aber gut aus!**
Eu deveria ter pedido isso.	**Das hätte ich auch bestellen sollen.**
Como está seu [filé]?	**Wie ist der../ die.../ das (Steak)?**
Parece ótimo.	**Es sieht köstlich aus**
Posso ver o cardápio de novo?	**Könnte ich die Speisekarte noch einmal haben?**
Você tem [chocolate]?	**Haben Sie (Schokolade)?**
Estava uma delícia, obrigado.	**Das hat köstlich geschmeckt, danke.**
Posso/Podemos pedir para retirar esses pratos, por gentileza?	**Könnten Sie bitte hier abräumen?**
Você me/nos traz a conta, por favor?	**Ich hätte gern die Rechnung.**
Só a conta, por favor.	**Nur die Rechnung, bitte.**
Você pode embrulhar [o frango]?	**Können Sie uns das [Hähndner] bitte einpadier?**

Em um café **Im Café**

O "Café" (assim mesmo, escrito à moda francesa) é uma instituição tradicional, nos países da Europa Central. Na Alemanha, por exemplo, existem muitos cafés, que são uma verdadeira tentação e um "perigo" para qualquer pessoa que estiver querendo fazer uma dieta, pela variedade de tortas e doces que oferecem. Hoje em dia, muitos cafés têm também outras opções de gastronomia (pequenos lanches ou até sopas; também outras bebidas além de café ou chá).

Veja a seguir uma pequena amostra das bebidas – a maioria café ou chá – e dos doces que esperam pelo visitante!

BEBIDAS

Tasse Kaffee – ("Xícara de café"): café preto, acompanhado de açúcar (cubinhos) e leite condensado (não é doce)

Kännchen Kaffee – ("bulezinho de café"): contém a quantidade de 2 xícaras, acompanham açúcar e leite condensado

Entcoffeinierter Kaffee – ("café descafeinado"), servido direto na xícara ou no bulezinho

Cappuccino – Capuccino

Espresso – Espresso

Doppelter Espresso – Espresso duplo

Milchkaffee – Café com leite

Latte macchiato – Café forte tipo espresso, com espuma de leite em cima

Tasse heiße Schokolade mit Sahne – Xícara de chocolate quente, com nata batida

Além disto, tem todos os tipos de chá:

Schwarzer Tee – chá preto
Grüner Tee – chá verde
Früchtetee – chá de frutas

e muitos outros, geralmente sendo servido um bule com água quente e o saquinho do chá

Doces: Na Alemanha, os doces não são tão doces assim, e o brasileiro vai procurar em vão por quindins, cocadas, brigadeiros ou branquinhos e outras maravilhas mais. Nos cafés e nas padarias que são ao mesmo tempo confeitarias, porém, você vai encontrar um vasto leque de doces maiores que os brasileiros, que são vendidos por unidade (diz-se "ein Stück" e depois o nome do quitute, que geralmente está em uma plaquinha junto do doce). Há ainda os bolos ou cucas (em alemão, ambos são chamados de "Kuchen") e as tortas ("Torte"). É raro um alemão comprar uma torta inteira e levar para casa; geralmente, pede-se uma fatia (também "ein Stück") e se come lá mesmo. Nas tortas, ainda, há muitas variedades conforme a época, quando elas tem recheio e cobertura de frutas.

Apfelstrudel	Strudel de maçã (massa folhada, enrolada e recheada com maçã)
Apfelkuchen	Cuca de maçã (freqüentemente, "massa podre", com cobertura de maçã.)
Apfeltorte	Torta de maçã (veja acima)
Butterkuchen	Cuca de manteiga (com cobertura de flocos de manteiga, raspas de amêndoa e açúcar; especialidade do Norte)
Erdbeertorte	Torta de moranguinho
Frankfurter Kranz	Bolo em forma circular, massa de pão-de-ló, em camadas
Himbeertorte	Torta de framboesas
Käsekuchen	Bolo de requeijão
Käsesahnetorte	Torta de requeijão com nata
Mokkatorte	Torta com camadas de creme de café
Nusstorte	Torta de nozes
Obstkuchen	Bolo com cobertura de frutas
Pflaumenkuchen	Cuca de ameixas
Portion Sahne	Porção de nata batida (uma delícia, o melhor complemento para bolos, cucas, sorvete)
Rhabarbertorte	Torta com recheio de ruibarbo (uma planta de gosto um pouco amargo, muito interessante, preparada com bastante açúcar)
Stachelbeertorte	Torta com cobertura de uva-espim (mais uma das frutas que não temos no Brasil. Vale a pena experimentar!)

Glossário para entender um cardápio

Em alemão: os termos mais comuns

O glossário a seguir foi elaborado para ajudar o turista a "decifrar" um cardápio escrito em alemão, em um sentido bem amplo: constam tanto nomes de pratos e a sua descrição (do que e como são preparados) quanto palavras isoladas que designam bebidas ou comidas que dispensam explicações maiores e, por último, algumas palavras de comunicação específica.

Como a culinária alemã compreende uma infinidade de pratos regionais e também muitos acrescentados pelos imigrantes, pode acontecer de o usuário desta lista não encontrar tudo o que procura, esperamos que fique satisfeito, em todos os sentidos!

à la carte	pratos individuais
Aalsuppe	sopa de enguia (especialidade de Hamburgo)
Abendessen	jantar
abgehangen	amaciado
Ahornsyrup	xarope doce, freqüentemente usado como calda
Algen	algas
alkoholfrei	sem ácool
altmodisch	tradicional, à moda antiga
am Spieß	no espeto
Ananas	abacaxi
Ananassaft	suco de abacaxi
Apfel	maçã
Apfelkuchen	torta de maçã
Apfelmus	purê de maçã
Apfelsaft	suco de maçã
Apfelsaftschorle	mistura de suco de maçã com água mineral (meio a meio)
Appetit	apetite
Appetithäppchen	petiscos
Aprikose	damasco

Em alemão: os termos mais comuns

Arme Ritter	rabanada
aromatisiert	sabor artificial
Artischocke	alcachofra
Artischockenherz	miolo da alcachofra
Au gratin	gratinado
Aubergine	beringela
auf Holzkohlen-Feuer gegrillt	grelhado no carvão
auf Bestellung	feito sob medida/encomenda
auf Eis	com gelo
auf kleiner Flamme gekocht	cozido vagarosamente/lentamente
auf Wunsch	quando solicitado
Auflauf (subst.)	gratinado
Austern	ostras
Auswahl an	escolha de
Avocado	abacate
Baguette	pão francês, tipo baguette
Baiser	merengue/suspiro
Balsamico	balsâmico
Bambussprossen	brotos de bambu
Banana-split	banana split (sorvete)
Banane	banana
Barsch	perca (peixe)
Basilikum	manjericão
Basmatireis	arroz estilo indiano
Bauernfrühstück	ovos mexidos com bacon ou presunto cozido, geralmente acompanhados de "Bratkartoffeln"
Béchamel-Sauce	molho bechamel
Becher	caneca
Bedienung	garçom, garçonete
Beeren	frutas silvestres
Beilage	acompanhamento; "vem com"

Em alemão: os termos mais comuns

belegtes Brot	sanduíche sem a fatia de cima para tampá-lo; sanduíche aberto
Berliner	sonho
Bestellung	pedido
bestreut mit	salpicado com
Bier	cerveja
Birne	pêra
Bissen	pedaço / bocado
Bitterschokolade	chocolate amargo
Blätterteig	mil-folhas (massa)
Blattsalat	salada verde, de folhas
Blumenkohl	couve-flor
Blutwurst	tipo de lingüiça feita de sangue; morcela
Bockwurst	salsicha Bock (aquecida em água, servida com pãozinho ou salada de batatas, lanche bem popular)
Bohnen	feijões
Bohnensprossen	brotos de feijão
Bowle / Punsch	ponche de frutas
Braten	assado (subst.)
Bratkartoffeln	batatas cozidas, depois cortadas em fatias e a seguir fritas, na manteiga, junto com cebolas e bacon
Bratreis	arroz frito
Bratspieß	espeto
Bratwurst	lingüiça ou salsicha, em geral de vitela, preparada na chapa (é "o" lanche rápido, servido com pãozinho ou fritas)
brauner Zucker	açúcar mascavo
Brause / Brauselimonade	gasosa
Brei	mingau
Brie	tipo de queijo cremoso; queijo brie

Em alemão: os termos mais comuns

Brezel	pretzel
Brokkoli	brócolis
Brombeere	amora silvestre
Brötchen	pãozinho, tipo pão francês
Brotkrumen	farelos de pão
Brotpudding	pudim de pão
Brühe	caldo do qual a sopa é feita
brunch	mistura de "breakfast" com "lunch", ou seja, café-da-manhã com almoço, geralmente servido nos domingos ao meio-dia; *brunch*
Brunnenkresse	agrião
Bruschetta	torradinhas com azeite de oliva e tomate; *bruschetta*
Brust	peito; ex. Hähnchenbrust
Buchweizen	trigo mouro ou sarraceno
Butter	manteiga
Buttermilch	leitelho / soro de manteiga
Buttermilch-Dressing	molho para saladas sabor leitelho
Buttertoast	torrada amanteigada
Cabernet	tipo de vinho; *cabernet*
Calamares	pedacinhos de lula, fritos
Calamares	lula
Californiatoast	torrada com filé de carne de porco, frutas e "Holländische Sauce"
Cappuccino	capuccino
Catchup / Ketchup	catchup
Cereal	cereal
Champignoncreme-Suppe	sopa cremosa de cogumelos
Chardonnay	chardonnay (vinho)
Cheeseburger	hambúrguer com queijo: *cheeseburguer*
Cherry-Tomaten	tomate-cereja

Em alemão: os termos mais comuns

Chili-Pfefferschoten (rot, grün)	pimentas (vermelhas, verdes)
Chutney	molho agridoce tipo indiano
Ciabatta	pão italiano de forma achatada
Cocktail	coquetel; um *drinque*
Coq au vin	frango com cebola e ervas, assado em vinho
Cordon bleu	escalope de vitela, recheado com presunto cozido e queijo, à milanesa, frito
Corned beef	carne bovina em conserva; carne enlatada
Crème fraiche	tipo de creme de leite (mas menos consistente, vendido em copos, não em lata)
cremig	cremoso/a
Croissant	pão em forma de meia-lua: croissant
Croutons	cubinhos de pão torrado, geralmente servidos em saladas e sopas: *croutons*
Curry	"caril", "pó de caril"; tempero de cor amarelada, muito usado na cozinha indiana
dazu	acompanhando
Delikatesse	comida rara e partilcularmente saborosa; ex.: "Dieser Lachs ist eine Delikatesse!" – "Esse salmão é algo muito especial!"
Dessert	sobremesa
deutsches Beefsteak	"bisteca alemã", massa de carne moída, temperos, ovo e farinha de rosca, em formato de escalope
dick	grosso, espesso; ex.: *"eine dicke Scheibe" – uma fatia grossa*
Dill	endro (tempero para saladas e peixe, folhinhas verdes bem pequenas)
Dillbutter	manteiga de endro
Dip / Tunke	molho cremoso tipo patê/pasta

Em alemão: os termos mais comuns

Döner / Dönerkebab	pão sírio com recheio generoso de lascas de carne de carneiro assada no espeto, legumes picados e molhos variados, a escolher. É um lanche-refeição que veio para ficar
doppelt	duplo
Dressing	molho para salada
durchtränkt mit	embebido em
Dutzend	dúzia
Éclair	torta recheada, estilo "bomba de chocolate"
Ei	ovo
Eierkuchen	crepe
Eiersalat	salada de ovos
Eigelb	gema de ovo
ein halbes Dutzend	meia dúzia
ein hartgekochtes Ei	ovo cozido
ein Hauch von	um toque de
ein Laib Brot	pão inteiro para ser cortado em fatias
eine halbe Flasche	meia garrafa
eine halbe Portion	meia porção
einfach	simples
eingelegte Gurken	pepino em conserva: picles
Eintopf	cozido; prato com vários legumes e um tipo de carne cozidos com muito caldo
Eisbergsalat	alface-americana
eisgekühlt	gelado
Eistee	chá gelado
Eiweiß	clara de ovo
Elsässer Art	à moda da Alsácia
Emmenthaler	tipo de queijo suíço Emmenthal
Endivie	endívia

Em alemão: os termos mais comuns

englisch gebraten	malpassado
Erbsen	ervilhas
Erbsensuppe	sopa de ervilhas
Erdbeere	morango
Erdnuss	amendoim
Erdnussbutter	pasta de amendoim
Escargot/ Weinbergschnecke	caramujo, caracol: *escargot*
Essig	vinagre
Estragon	estragão
Etikett	rótulo
extra	separado
extra1	a um custo adicional, por fora; ex.: "Der Nachtisch geht extra" ("a sobremesa é por fora")
extra2	bastante, mais do que o normal; ex.: "Ich möchte eine Portion Sahne extra" – ("eu quero uma porção extra de nata batida")
Falscher Hase	pão-de-carne
Fasan	faisão
Feige	figo
fein	fino /a
fein gehackt	picado (diz-se, p.ex., de ervas)
fein geschnitten	em fatias finas
Fenchel	funcho, erva-doce
Feta-Käse	queijo grego parecido em sabor com um queijo-de-minas curado
Fett	gordura, gorduroso
fettfrei	0% de gordura
Fettuccini	massa italiana; *fettuccini*
feucht	"molhadinho", úmido
Filet	filé mignon
Fisch	peixe

Em alemão: os termos mais comuns

Fischfrikassee	fricassé de peixe
Kalbfleischfrikassee	fricassé de vitela
Fischstäbchen	pedaços de peixe em formato retangular, à milanesa. Preparados igual a fritas, em óleo quente
Fish'n' Chips	peixe empanado e batatas fritas
Fladenbrot	pão sírio
flambiert	aspergido com álcool, que depois é aceso com fósforo, de forma que o prato parece pegar fogo; procedimento usado com carnes, frutas, pudins para requintar mais o sabor
Flasche	garrafa
Fleisch	carne
fleischlos	sem carne
Fleischsauce	molho à bolonhesa; molho de carne
Folienkartoffel	batata recheada, assada envolta em papel de alumínio
Forelle	truta
Forellenfilet	filé de truta
Frikadelle	bolinho de carne
Frikadelle /Deutsches Beefsteak	almôndega
Frikassee	prato feito de carne clara, cozida e desfiada, servida em um molho claro levemente azedo
frisch	fresco/a
frisch gepresst	recém-espremido
frisch geschnitten	recém-cortado
frisches Obst	frutas frescas
Frucht	fruta
Früchtetee	chá de frutas
Fruchtschale	tigela de frutas

Em alemão: os termos mais comuns

Frühaufsteher	"Madrugador" (um período de tempo, geralmente pela manhã, no qual alguns pratos são vendidos com desconto)
Frühlingsrollen	rolinhos primavera (típico da culinária oriental)
Frühlingssuppe	sopa de legumes
Frühstück	café-da-manhã
Füllung	recheio
für den herzhaften Appetit	"para quem tem grande apetite"
Gang	prato; por exemplo, "Wir haben noch drei Gänge!"("nós ainda temos mais três pratos!")
Gans	ganso
Gänseleberpastete	patê de fígado de ganso
Garnele	camarão miúdo
Gebäck	bolo(s) salgados (folheados, croissants etc.)
gebacken	assado
gebackener Camembert	queijo camembert assado no forno, geralmente servido com compota de murtinho. É uma das entradas preferidas, também um ótimo lanche
gebraten	assado/a no forno
gebraten	frito
gebratenes Hähnchen	frango assado
gedünstet	cozido(s) no vapor
Geflügel	aves
gefroren	congelado
gefüllt	recheado
gefüllte Oliven	azeitonas recheadas
gegrillt	grelhado
gehackte Zwiebeln	cebolas picadas
geköchelt	"cozido em fogo lento"
gekocht	cozido

Em alemão: os termos mais comuns

gekochte Kartoffel, gefüllt	batata quente, recheada
gekochter Schinken	presunto cozido
Gelatine	gelatina
Gelee	geléia
gemahlener Pfeffer	pimenta-do-reino moída
Gemisch aus	mistura de
gemischt	misturado / variado
gemischtes Eis	Taça de sorvete de vários sabores
gemischtes Gemüse	folhas/verduras variadas
Gemüse	legumes, verduras
Gemüsepfanne	mistura de legumes, fritos rapidamente em uma frigideira
Gemüsesuppe	sopa de legumes
gepresst	espremido
geraspelt	raspado/a
geräuchert	defumado
geräucherter Schinken	presunto defumado
gereift	envelhecido (diz-se p. ex., de conhaque)
gerieben	ralado
geröstet	torrado/a
geschmolzen	derretido/a
Geschnetzeltes	iscas
geschnetztelt	picado
Getränke	bebidas
getrocknet	seco/a; ressecado/a
gewickelt in	envolto em
gewürfelt	picado em cubos
Gewürz	tempero
Gewürze	condimentos
gewürzt mit	temperado com
Ginger ale	refrigerante à base de gengibre
Glas	copo, taça

Em alemão: os termos mais comuns

glasiert mit	glaçado com
Glasur	glacê para bolo
Glühwein	"quentão", vinho tinto quente com cravo, canela e açúcar
Gnocchi	nhoque/gnocchi
goldbraun	dourado mais escuro
golden	dourado
Gorgonzola	queijo gorgonzola
Gouda	queijo tipo gouda
Graham cracker	bolacha à base de farinha de trigo e mel
Grapefruit	pomelo
Grapefruitsaft	suco de pomelo
Grillfleisch	carne de churrasco
Grillsauce/Grillsoße	molho barbecue
grob gerieben	ralado em grandes pedaços
grobes Mehl	farinha grossa, rústica
Grog	metade rum, metade água quente, com açúcar (torrões). Bebida forte, apropriada para quem tem que enfrentar temperaturas muito baixas ou ventos gelados; preferida pelos marinheiros
groß	grande
große Stücke	pedaços grandes
grüne Bohnen	vagem
Gruyere	queijo gruyère
Gulasch	cubos de carne bovina e de porco e muitas cebolas, primeiro dourados na manteiga, depois estufados, de maneira que se forma um caldo grosso. É um prato muito saboroso da cozinha húngara, muito popular na Alemanha. Pode ser servido só com batatas ou com "Sauerkraut"
Gurke	pepino

Em alemão: os termos mais comuns

Guten Appetit!	bom apetite!
Hackbraten / "falscher Hase"	bolo de carne moída
Hackfleisch	carne moída
Hackfleischsteak	filé de carne de boi moída
Hafer	aveia
Haferbrei	mingau de aveia
Hähnchen	frango
Hähnchenbrust	peito de frango
Hai	tubarão
halb	meio
halb und halb	metade-metade
Halbbitter-Schokolade	chocolate meio-amargo
halbfett	semidesnatado
Hamburger	hambúrguer
Häppchen	petiscos, entradas
Haselnuss	avelã
Hauptgang	prato principal
Hauptgerichte	pratos principais
Hauptspeise	prato principal
Haus-	da casa: *Hauswein* = vinho da casa, Spezialität dês Hauses = especialidade da casa,
hausgemacht	caseiro
Hawaiitoast	torrada com presunto cozido e uma fatia de abacaxi, coberta com queijo; gratinada no forno
Heilbutt	hipoglosso: peixe de água salgada
heiß	quente
heiße Schokolade	chocolate quente
Hering	arenque, peixe esguio que aparece em grandes cardumes nos mares nórdicos
herzhaft	generoso, grande (com respeito a uma refeição)

Em alemão: os termos mais comuns

Himbeere	framboesa
Holländische Sauce/Soße	"molho holandês", molho branco feito de ovos, manteiga, queijo ralado, farinha e leite, batido em banho-maria
Holzkohle	carvão
Honig	mel
Honigkuchen	pão-de-mel
Honigmelone	melão
Hörnchen	croissant
Hors d'oeuvres	aperitivos
Hühnerbrühe	caldo de galinha
Hühnerfrikassee	fricassé de frango
Hühner-Nudelsuppe	sopa de frango com macarrão tipo miojo
Hülsenfrucht	leguminosa
Hummer	lagosta
Hummerschwanz-Suppe	calda de lagosta
Hummersuppe	sopa de lagosta
Hüttenkäse	queijo *cottage*
Imbiss	petisco, lanche
Imbiss-Stand	lanchonete
in der Pfanne gebraten	frito na frigideira
in der Schale	na casca
in Scheiben	fatiado, cortado
in Schichten	em camadas
Ingwer	gengibre
inklusive	incluído / inclusive
Jägerschnitzel	"escalope caçador": escalope (geralmente de carne de porco) não à milanesa, com um molho picante de cogumelos
je	cada
Joghurt / Jogurt	iogurte

Em alemão: os termos mais comuns

Johannisbeere	groselha
Jus	sumo de carne, em forma de geléia
Kabeljau	bacalhau
Kaffee	café
Kakao	cacau; leite com chocolate
Kalbfleisch	carne de vitela
Kalbsgeschnetzeltes	iscas de carne de vitela
kalorienarm	baixa caloria
kalt	frio
Kammmuscheln	vieiras
kandiert	cristalizado; ex.: "kandierte Früchte".
kandierte Früchte	frutas cristalizadas
Kapern	alcaparras
Karamelcreme	creme de caramelo
karamelliert	caramelizado/a
Karpfen	carpa, peixe grande de água doce, prato tradicional da virada do ano
Kartoffel	batata
Kartoffelchips	batata frita tipo *Ruffles*
Kartoffelgratin	batata gratinada
Kartoffelpuffer	bolinho achatado, de uma massa de batatas cruas, raladas, e cebolas; frito dos dois lados em gordura bem quente. Acompanhamento: purê de maçã
Kartoffelpuree	purê de batatas. Outros nomes: Kartoffelmus / Kartoffelbrei
Pellkartoffeln	batatas cozidas na casca, depois descascadas e servidas com manteiga e sal, como acompanhamento de peixes
Kartoffelsalat	salada de batatas
Kartoffelschalen	cascas de batatas
Kartoffel-Zucchini-Auflauf	gratinado de batata e abobrinha

Em alemão: os termos mais comuns

Käse	queijo
Käsebrot	sanduíche / pão com manteiga e uma fatia de queijo
Käsekeks	biscoito de queijo
Käsekuchen	cuca de ricota
Käseplatte	tábua de queijos
Kassler	carne de porco, curtida em salmoura e depois defumada, geralmente da costela; é bem rosada. Pode ser servida quente ou fria, acompanhada de batatas e chucrute.
Kasserole	panela ou tigela com tampa que vai ao forno: caçarola; ensopado de forno
Keks	biscoito
Kekse mit Schokoladenstückchen	biscoito com lascas de chocolate, tipo *cookie*
Kellner / Ober	garçom
Kichererbse	grão-de-bico
Kirsche	cereja
Kirschtorte	torta de cerejas
Kiwi	kiwi
klein	pequeno
Knoblauch	alho
Knoblauchbrot	pão de alho
Knochen	osso
Knödel	bolinho, geralmente feito de batata amassada, frito ou assado
knusprig	crocante
Kognak	conhaque
Kohl	repolho
Kohlrabi	nabo
Kokosmilch	leite de coco
Kokosnuss	coco

Em alemão: os termos mais comuns

Kompott	compota
Kopfsalat	alface
Korb	cesta (ex. cesta de pães)
Koriander	coentro
Korn	grão
koscher	alimento preparado de acordo com normas judaicas
köstlich / lecker / wohlschmeckend	gostoso, saboroso
Kotelett	chuleta (corte de carne de porco ou de carneiro, não de carne bovina)
Krabben	camarões
Krabbencocktail	camarões com molho rosé, servidos em uma taça
Kräuter	ervas
Kräuterrahmsauce	molho na base de nata, com ervas
Krebs	caranguejo
Krebssuppe	sopa de caranguejo
Krokette	croquete
Krug	jarra
Kuchen	bolo
Kugel	bola (de sorvete); ex.: "Bitte zwei Kugeln Schokoladeneis = "duas bolas de sorvete de chocolate, por favor"
kühl	frio (não muito)
Kürbis	abóbora
Kürbiskerne	sementes de abóbora
Lachs	salmão
Lamm	cordeiro
Lamm-Eintopf	cozido de carne de cordeiro
Lammkotelett	costeleta de carneiro
Lasagne	lasanha
lauwarm	morno

Em alemão: os termos mais comuns

Leber	fígado
leicht	levemente, delicadamente
Leipziger Allerlei	"Sortidos de Leipzig", mistura de legumes (cenouras, aspargo, ervilhas) e alguns camarões
Liebesapfel	maçã-do-amor
Likör	licor
Limandes	espécie de linguado, porém menor e de um sabor mais delicioso ainda, geralmente servido frito à doré e acompanhado de um molho de manteiga derretida ou "molho holandês", batatas a vapor e salada de alface americana
Limette	limão Taiti
Limonade	limonada
Limonade	refrigerante
Limone	lima
Linsen	lentilhas
Linsensuppe	sopa de lentilhas
Macadamia-Nuss	noz-macadâmia
mager	magro
Mahlzeit	refeição
Mais	milho
Maisbrot	pão de milho
Maiskolben	um milho (inteiro)
Makrone	bolinho ou biscoito de farinha, açucar e amêndoas
Malzbier	cerveja preta doce
Mandel	amêndoa
Mango	manga
Mango chutney	molho agridoce feito de manga, típico da culinária oriental
Maniok	mandioca

Em alemão: os termos mais comuns

mariniert	marinado
Marmelade	doce de frutas para passar no pão, geléia
Marsala	vinho doce siciliano
Mascarpone	queijo suave italiano
Matjeshering	arenque não adulto, conservado no sal
Mayonnaise / Majonäse	maionese
médium (Steak)	ao ponto (para carne)
Meeresfrüchte	frutos do mar
Meerrettich	raiz-forte
Melasse	melaço
Menu	entrada, prato principal e sobremesa
Merlot	merlot (vinho da uva merlot)
Milch	leite
Milchkaffee	café com leite
Milchprodukte	laticínios
Milchreis	arroz doce
Milchschokolade	chocolate ao leite
Milchshake	milk-shake
mild	suave
Mineralwasser	água com gás
Minestrone	sopa de legumes italiana, normalmente com macarrão
Minze	menta / hortelã
Mischung von...	mistura de...
mit Mehl bestäubt	regado de farinha
mit Schokoladenguss	coberto de chocolate
mit Zuckerguss	glaçado/coberto de glacê
Mittagessen	almoço
Mixedpickles	legumes em conserva
Mohn	semente de papoula

Em alemão: os termos mais comuns

Möhre	cenoura
Möhrenkuchen	bolo de cenoura
Mousse	mousse
Mozzarella	mussarela de búfala
mundgerecht	pedaços pequenos / tamanho aperitivo
Mürbeteig	massa podre
Muschel	concha
Muschel	molusco, marisco
Muscheln	mexilhões
Muschel-Terrine	ensopado de moluscos
Muskatnuss	noz moscada
nach Wahl	opcional
Nachos	salgado tipo "Doritos", come-se geralmente com algum molho
Nachspeise	sobremesa
Nachtisch	sobremesa
nicht durchgebraten	muito mal passado / muito cru
Niçoise	acima da cidade de Nice (na França), normalmente com alho e anchovas
Nudeln	macarrão
Nüsse	nozes
nussig	com muitas nozes ou sabor de nozes
oben	acima ("Os itens acima estão disponíveis somente nos fins de semana")
Obstler	aguardente de alguma fruta
Obstsalat	salada de frutas
Ochsenauge	peixe olho-de-boi
Ochsenschwanz-Suppe	sopa de rabo de boi
ohne Haut	sem pele
ohne Knochen	desossado/a

Em alemão: os termos mais comuns

ohne Schale	sem casca
Olive	azeitona
Olivenöl	azeite de oliva
Omelett	omelete
Omelett einfach	omelete simples
Orange	laranja
Orangensaft	suco de laranja
Oregano	orégano
organisch	orgânico
paniert	empanado/a; à milanesa
Papaya	mamão
Paprika	pimentão verde
Parmesankäse	queijo parmesão; queijo parmesão ralado
Passionsfrucht / Maracuja	maracujá
Pastete	patê
Pastrami	lingüiça italiana, tipo salame
Peking-Ente	prato tradicional chinês de pato (na versão tradicional, comem-se somente a pele e a gordura do pato)
Penne	penne (massa)
Pesto	ao pesto
Petersilie	salsinha
Petersilienbutter	manteiga com salsa picadinha
Pfanne	frigideira
Pfannkuchen	panqueca
Pfeffer	pimenta; pimenta-do-reino
Pfefferkorn	grão de pimenta
Pfeffersorten	pimentas
Pfifferling	um cogumelo de cor amarelada e forma irregular, tem um gosto muito forte, sendo p.ex. servido como acompanhamento de ovos mexidos

Em alemão: os termos mais comuns

Pfirsich	pêssego
Pflaume	ameixa (fresca)
Pfund	meio-quilo
pikant	extremamente apimentado; picante
Pilz	cogumelo
Pinienkerne	pinhão (castanhas)
Pinot Grigio	tipo de vinho com a uva pinot grigio
Pistazie	pistache
Pita (Brot)	pão sírio
Platte	prato de servir
Plätzchen	bolachinhas, biscoitos
Plötze	pargo (peixe)
pochiert	cozido (se diz de ovos, salmão etc.)
Polenta	polenta
Pommes	fritas
Pommes (Frites)	batatas fritas
Popcorn	pipoca
Porree / Lauch	alho-poró
Portion	porção
Preiselbeere	"murtinho", fruta silvestre (baga) de sabor azedo, usada para fazer sucos, caldas e geléias
pro Person	por pessoa
Prosciutto	espécie de presunto cru defumado italiano
Provolone	queijo provolone
Pudding	manjar
Puderzucker	açúcar em pó, açúcar de confeiteiro
pur	puro (de bebidas: ex.: "Whisky pur", quer dizer, sem água)
Püree	purê

Em alemão: os termos mais comuns

Putengeschnetzeltes	iscas de carne de peru
Puter / Truthahn	peru
Quark	requeijao
Quiche	quiche: uma torta aberta, recheada com uma mistura de ovos batidos e creme de leite fresco e algum recheio
Quiche lorraine	quiche com bacon
Radicchio	tipo de chicória com folhas vermelhas; rabanete
Radieschen	rabanete
Ragout	"ragu", prato feito com pedacinhos de carnes vermelhas ou brancas, inclusive peixe, em um molho bem temperado
Rahmtunke	molho de nata (expressão usada no Sul da Alemanha, na Áustria e na Suíça)
Rand	borda
Raspeln	raspas
Räucherlachs	salmão defumado
Räucherschinken	presunto defumado (uma delícia!)
Ravioli	ravioli
Regenbogenforelle	truta arco-íris
reich an	rico em
reichlich	generoso, abundante
Reispudding	pudim de arroz
Remouladensauce/Soße	molho típico francês para uso em pratos com carnes ou verduras, feito de maionese, mostarda, alcaparras, pepinos picados e anchovas
Rigatoni	massa italiana parecida com *penne*, ligeiramente curvada
Rinderbouillon mit Markklößchen	caldo de carne com bolinhos de tutano

Em alemão: os termos mais comuns

Rinderfilet	filé mignon
Rinderbreten	assado de carne bovina
Rippchen	costelas
Risotto	risoto
Roastbeef	picanha assada ao ponto não bem passado (continua rosada por dentro), servida fria, em fatias, acompanhada de "Remouladensauce" e de uma prato de batatas
Roastbeef / Rumpsteak	alcatra, fraldinha ou picanha – dependendo do corte
Roggen	centeio
Roggenbrot	pão de centeio
roh	cru
Roquefort	queijo roquefort
Rosenkohl	Couve de Bruxelas
Rosinen	uvas-passa
Rosmarin	alecrim
Rote bete	beterraba
Rotkohl	repolho roxo
Rührei	ovos mexidos
Rukula	rúcula
Rum	rum (bebida)
Rumpsteak	bife de alcatra
Safran	açafrão
Saft	suco
saftig	suculento
Sahnebonbon	bala puxa-puxa
Sahnesoße	molho de nata (expressão usada mais no Norte)
Salami	salame
Salat	salada
Salatbuffet	bufê de salada

Em alemão: os termos mais comuns

Salbei	sálvia
Salz	sal
salzig	salgado
Salzkartoffeln	batata vapor
Salzlake	molho salgado para "curtir" carnes, peixes etc.
Sandwich	sanduíche
Sardellen	anchovas
Sauce / Soße	molho
Sauce Béarnaise	molho à base de claras de ovo, manteiga e vinho branco
sauer	azedo
Sauerkraut	chucrute
Sauerteig	tipo de massa ligeiramente azeda
Sauerteigbrot	tipo de pão azedo com casca bastante crocante
saure Sahne	"creme azedo", muito usado em molhos
sauté	frito rapidamente em pouco óleo
Sauvignon blanc	tipo de vinho branco
Schale	tigela, casca
Schalen	cascas
Schalotte	chalota: espécie de cebola ovalada, de gosto mais forte
scharf	apimentado/a
Schaschlik-Spieß	espetinho
schaumig	espumoso
Scheibe Brot	fatia de pão
Schenkel	perna, coxa
Schicht	camada
schick / elegant	refinado, "chique"
Schinkenspeck	bacon

Em alemão: os termos mais comuns

Schinken	presunto
Schinkenbrot	sanduíche / pão com presunto
Schlagsahne	"nata batida", chantilly
schmackhaft	saboroso, delicioso
Schnecke	escargot, caracol
Schnecken	escargots
Schnitte	fatia
Schnittlauch	cebolinha
Schokoladenguss	cobertura de chocolate
Schollenfilet	filé de solha (peixe)
schwarze Oliven	azeitonas pretas
schwarzer Pfeffer	pimenta-do-reino
schwarzer Tee	chá preto
Schweinebraten	assado de porco/leitão
Schweinefleisch	carne de porco
Schweinekotelett	chuleta de porco
Schweinelendchen	lombinho
Schweinelende	lombo
Schweinerippchen	costeleta ou entrecosto de porco com pouca carne
Schweizer	à moda suíça
Schweizer Käse	queijo suíço
Schwertfisch	peixe espada
Seezunge	linguado (peixe)
Seezungenfilet	filé de peixe
sehr fein	muito fino, bem fino
Sellerie	aipo
Senf	mostarda
Senioren-Menu	cardápio com descontos especiais para pessoas idosas
Sesam	gergelim
Sesambrötchen	pãozinho com sementes de gergelim

Em alemão: os termos mais comuns

Sesamkorn	semente de gergelim
Sherry	xerez
Shiitake (Pilz)	cogumelo shiitake
Soft drinks	bebidas sem álcool
Soja	soja
Sojasauce/Soße	molho de soja
Sonnenblume	girassol
Sonnenblumen-Kerne	sementes de girassol
Sonnenblumenöl	óleo de girassol
Sorbet	sorvete sem leite e menos cremoso (sorbet)
sortierte Kekse	(biscoitos) sortidos
Sortiment	variedade
Soufflé	suflê
Spargel	aspargo
Spätzle	massa típica do Sul, em pequenos pedaços oblongos, fervidos em água com sal
Speck	toicinho
Spezialitäten	especialidades
Spiegelei	ovo frito
Spießbraten	churrasco
Spinat	espinafre
Sprossen	brotos
Stangenbohne	feijão vagem
Steak	fatia de carne de lombo, para fritura rápida, geralmente de carne bovina: "Rindersteak" / "Kalbbsteak"
Steak tartare	carne moída crua misturada com um ovo cru, cebola e anchovas, temperada com sal e pimenta
Stilles Wasser	água sem gás
"Strammer Max"	fatia de pão com presunto e ovo frito

Em alemão: os termos mais comuns

Streichkäse	queijo cremoso
Streifen	tiras
Streusel	confeitinhos coloridos ou chocolate granulado para decoração de bolos e outros tipos de doces
Stroganoff	estrogonofe
Stück Torte	fatia de torta
Sundae	sundae
Suppe	sopa
süß	doce
süße Butter	manteiga doce
Süßkartoffel	batata-doce
süßsauer	agridoce
Süßwasser	água doce
Syrup	xarope, calda
Tabascosoße	molho de pimenta típico americano
Tagessuppe	sopa do dia
täglich	diariamente
Tamarinde	tamarindo
Tangerine	tangerina
Tasse	xícara
Tasse Suppe	tigela de sopa
Taube	pombo
Tee	chá
Teig	massa (de bolo)
Thunfisch	atum
Thunfischsalat	salada de atum
Thymian	tomilho, timo
Toast	torrada
Tomate	tomate
Tomatensaft	suco de tomate
Tomatensalat	salada de tomate

Em alemão: os termos mais comuns

Torte	torta
Trinkgeld	gorjeta
trocken	seco
Trockenpflaume	ameixa (seca)
Trockentomaten	tomates secos
Trüffel	trufa
Tüte / Waffel	casquinha de sorvete; cone
überbacken	gratinado
übergossen mit	regado com; seu próprio molho enquanto assa (carne)
Vanille	baunilha
Vanilleeis	sorvete sabor de baunilha / creme
Vegetarier	vegetariano
verlorene Eier	ovos pochê
verschiedene	variedade de
Vichyssoise	sopa cremosa, servida fria, feita de batata, caldo de galinha e alho-poró
Vinaigrette	molho para saladas geralmente feito de azeite, mostarda, alho e vinagre
Vollkorn-	integral (ex.: "Vollkornbrot" – pão integral)
Vollkornbrot	pão integral
Vollkornreis	arroz integral
Vorspeise	entrada
Wacholder	zimbro
Wachtel	codorna
Waffel	wafer: massa seca e crocante como nos biscoitos tipo *wafer*
Walnüsse	nozes
warm	quente
Wasser	água
Wein	vinho ("Weißwein" – vinho branco; "Rotwein" – vinho tinto)

Em alemão: os termos mais comuns

weißes Fleisch	carne branca
Weißkohl	repolho branco
Weißweinschorle	mistura de vinho branco com água mineral (meio a meio)
Weißwurst	lingüiça feita de carne de vitela, especialidade de Munique. É aquecida em água (não fervida!), e quem aprecia só a consome antes do meio-dia, quando é bem fresquinha ......
Whisky	uísque
Wiener Schnitzel	escalope de vitela, à milanesa
Wild	caça
wild	silvestre, selvagem
Wildente	pato selvagem
Wildreis	arroz selvagem
Wildschwein	javali
Worcestershire-Sauce/Soße	(pronunciado "uóster") molho marrom usado em saladas e carnes, feito de shoyu, alho, melaço, vinagre, anchovas e cebolas
Würfel	cubos
Wurst	salsicha / lingüiça
Wurstsalat	salada de tiras de frios, com picles e maionese (a receita varia conforme a região)
zart	macio; ex. : "ein zartes Steak"
zerkrümelt	despedaçado
Ziegenkäse	queijo de cabra
Zigeunerschnitzel	"escalope cigano": escalope de carne de porco ou de vitela, não à milanesa, com um molho picante com tiras de pimentão, cebola e tomate
Zimt	canela
Zitrone	limão
Zitrus-	cítrico
Zucchini	abobrinha

Em alemão: os termos mais comuns

Zucker	açúcar
Zuckererbsen	espécie de ervilha com vagem comestível; ervilhas-de-cheiro
Zuckerguss	glacê para bolos
Zuckermais	milho verde
zum Mitnehmen	comida para viagem
Zunge	língua
zusätzlich	adicional
Zutaten	ingredientes
Zwetschgensaft	suco de ameixa
Zwiebel	cebola
Zwiebel-Dip	molho tipo purê de cebola para ser consumido com bolachas, batatinhas fritas ou legumes crus em tiras compridas (cenoura, pepino etc.)
Zwiebelringe	petisco de cebolas empanadas e fritas
Zwiebelsuppe	sopa de cebolas

Glossário de Alimentos

O glossário anterior ("Glossário para entender um cardápio) serve para decifrar um bom número de cardápios em alemão, enquanto este glossário permite ao leitor uma rápida consulta do que quer pedir. (As expressões usadas para fazer esses pedidos se encontram na página 61.)

Português	Alemão
abacate	Avocado
abacaxi	Ananas
abóbora	Kürbis
abobrinha	Zucchini
açafrão	Safran
acompanhamento	Beilage
açúcar	Zucker
açúcar mascavo	brauner Zucker
agridoce	süßsauer
água	Wasser
água com gás	Mineralwasser / Wasser mit Kohlensäure
água doce	Süßwasser
água mineral	Mineralwasser
água salgada	Salzwasser
água sem gás	Stilles Wasser
água da torneira	Leitungswasser
aipo	Sellerie
alcachofra	Artischocke
alcaparras	Kapern
alcatra	Roastbeef / Rumpsteak
alecrim	Rosmarin
alface	Kopfsalat
alface-americana	Eisbergsalat
algas	Algen

Glossário de Alimentos

alho	Knoblauch
alho-poró	Porree / Lauch
almoço	Mittagessen
almôndega	Frikadelle
ameixa	Pflaume
amêndoa	Mandel
amendoim	Erdnuss
anchovas	Sardellen
ao pesto	Pesto
apetite	Appetit
apimentado	scharf
arroz branco	weißer Reis
arroz integral	Vollkornreis
arroz selvagem	Wildreis
aspargo	Spargel
assado (adj.)	gebraten / gebacken (no forno)
atum	Thunfisch
aveia	Hafer
avelã	Haselnuss
aves	Geflügel
azeite de oliva	Olivenöl
azeitona	Olive
azeitonas pretas	schwarze Oliven
bacalhau	Kabeljau
bacon	Schinkenspeck
banana	Banane
batata frita (tipo *Ruffles*)	Karoffelchips
batata-doce	Batate / Süßkartoffel
batatas fritas	Pommes Frites / Pommes
bebida(s)	Getränk(e)
beringela	Aubergine / Eierfrucht

Glossário de Alimentos

biscoito	Keks
bola (de sorvete)	Kugel
bolo	Kuchen
bolonhesa (molho)	Hackfleischsauce/Soße
borda	Rand / Kruste
brócoli	Brokkoli
brotos	Sprossen
brotos de feijão	Bohnensprossen
bufê	Buffet / Büffet
bufê de salada	Salatbuffet
cachorro-quente	Hotdog
café	Kaffee
café com leite	Milchkaffee
café-da-manhã	Frühstück
calda de chocolate	heiße Schokoladensauce
caldo	Brühe
camarão	Garnele / Krabbe
camarão ao alho e óleo	Garnelen an Knoblauch und Olivenöl
caneca	Becher
canela	Zimt
caranguejo	Krebs
cardápio	Speisekarte
cardápio de sobremesa	Dessert-Speisekarte
carne	Fleisch
carne branca	weißes Fleisch
carne de carneiro	Hammelfleisch
carne de cordeiro	Lammfleisch
carne de churrasco	Grillfleisch
carne de galinha	Hühnerfleisch
carne de porco	Schweinefleisch
carne de vitela	Kalbfleisch

Glossário de Alimentos

carne moída	Hackfleisch / Mett (termo usado no norte da Alemanha)
casca	Schale (Kartoffelschale; Eierschale)
caseiro (adj.)	hausgemacht
casquinha de sorvete	Waffel
cebola	Zwiebel
cenoura	Möhre / Karotte / Wurzel (termo usado no norte da Alemanha)
cereal	Cereal / Müsli
cereja	Kirsche
cerveja	Bier
chá	Tee
chá gelado	Eistee
champignon	Champignon
chá preto	schwarzer Tee
chantilly	Schlagsahne
chocolate meio-amargo	Halbbitterschokolade
chocolate quente	Kakao (bebida), heisse schokolade
chucrute	Sauerkraut
churrasco	Spießbraten
clara de ovo	Eiweiß
cobertura	Glasur (em cima de bolos)
coco	Kokosnuss
cogumelo	Pilz
colher	Löffel
comida caseira	Hausmacherkost
condimentos	Gewürze
conhaque	Kognak
copo	Glas
coquetel	Cocktail
costela	Rippe
costelinha	Rippchen

Glossário de Alimentos

costeleta de carneiro	Hammelkotelett
costeleta de cordeiro	Lammkotelett
couve-flor	Blumenkohl
coxa	Schenkel
coxa de frango	Hähnchenschenkel
creme (sabor de sorvete)	Vanille
cremoso	cremig
crocante	knusprig
crocante (subst.)	Krokant
cru	roh
cuca	Kuchen
defumado	geräuchert
derretido	geschmolzen
desossado	ohne Knochen
doce	süß
drinque	Drink
dúzia	Dutzend
empanado	paniert
enguia	Aal
entrada	Vorspeise / Appetithäppchen
ervas	Kräuter
ervilhas	Erbsen
espaguete	Spaghetti / Spagetti
especialidades	Spezialitäten
espeto	Bratspieß
espinafre	Spinat
espremido	gepresst (ex.: "Frisch gepresster Orangensaft" – suco de laranja recém feito)
faca	Messer
fatia	Scheibe (Brot, Käse, Schinken) / Stück (Brot, Fleisch, Kuchen, Torte; literalmente: "pedaço")

Glossário de Alimentos

fatiado	in Scheiben / geschnitten
feijão	Bohnen
feijão com arroz	NÃO EXISTE
fígado	Leber
filé de carne bovina	Steak
filé de linguado	Seezungenfilet
filé mignon	Filet / Rinderfilet
fino/a	dünn / fein
fraldinha	ESTE CORTE NÃO EXISTE
framboesa	Himbeere
frango	Hähnchen
fresco/a	frisch
frio	kalt / kühl
frios	Aufschnitt
fritas	Pommes
frito	gebraten
fruta	Frucht
frutas frescas	frische Früchte / frisches Obst
frutos do mar	Meeresfrüchte
ganso	Gans
garçom	Kellner / Ober (palavra considerada mais politicamente correta)
garçonete	Kellnerin / Bedienung
garfo	Gabel
garrafa	Flasche
gasosa	Brause / Limonade / Brauselimonade
gelado	eisgekühlt
gema de ovo	Eigelb
gengibre	Ingwer
gergelim	Sesam
gorjeta	Trinkgeld
grande	groß

Glossário de Alimentos

grão-de-bico	Kichererbse
grelhado	gegrillt
groselha	Johannisbeere
grosso	dick
guardanapo	Serviette
hambúrguer	Hamburger
hortelã	Minze / Pfefferminz
inhame	NÃO É CONHECIDO
integral	Vollkorn-
iogurte	Joghurt / Jogurt
jantar	Abendessen
jarra	Krug
lagosta	Hummer
lanche	Imbiss
lanchonete	Imbiss-Stube
laranja	Orange / Apfelsine
laticínios	Milchprodukte
legumes	Gemüse
leite	Milch
leite achocolatado	Kakao
lentilhas	Linsen
limão	Zitrone
limonada	Zitronensaft / Limonade
língua	Zunge
lingüiça	Wurst
lombo	Schweinelende / Schweinefilet
lula	Calamares
maçã	Apfel
macio/a	zart
magro/a (carne)	mager
maionese	Mayonnaise / Majonäse

Glossário de Alimentos

malpassado	englisch gebraten
mamão	Papaya
mandioca	Maniok
manga	Mango
manjericão	Basilikum
manteiga	Butter
maracujá	Maracujá / Passionsfrucht
mariscos	Muscheln
massas	Nudeln
massa podre	Mürbeteig
meia garrafa	eine halbe Flasche
meia porção	eine halbe Portion
meio	halb
mel	Honig
melancia	Wassermelone
melão	Honigmelone
menta	Minze
mexilhões	Miesmuscheln
milho	Mais
milho (unidade inteira)	Maiskolben
milho verde	Zuckermais
misturado/variado	gemischt
molho	Sauce / Soße
molho barbecue	Grillsauce / Grillsoße
morango	Erdbeere
morno	lauwarm / warm
mostarda	Senf
no espeto	am Spieß
nozes	Nüsse / Walnüsse
óleo de girassol	Sonnenblumenöl
omelete	Omelett

Glossário de Alimentos

orégano	Oregano
osso	Knochen
ostras	Austern
ovo	Ei
ovo cozido	ein hartgekochtes Ei
ovo frito	Spiegelei
ovos mexidos	Rühre i
ovo quente	ein weichgekochtes Ei
palitos	Zahnstocher
palmitos	Palmenherzen
pão (pãozinho tipo pão francês)	Brötchen
pão de alho	Knoblauchbrot
pão-de-ló	Biskuitteig
pão francês (baguete)	Baguette
pão integral	Vollkornbrot
para viagem	zum Mitnehmen
patê	Pastete / Aufstrich
pato	Ente
pedaço	Stück
pedido	Bestellung
pedir (fazer um pedido)	bestellen
peito	Brust (ex.: "Hähnchenbrustfilet" – filé de peito de frango)
pele	Haut
peixe	Fisch
peixe-espada	Schwertfisch
pepino	Gurke
pequeno	klein
pêra	Birne
perca (peixe)	Barsch
perna, coxa	Schenkel
peru	Puter

Glossário de Alimentos

pêssego	Pfirsich
petisco	Häppchen
picanha	Roastbeef
pimenta	Pfeffer
pimenta-do-reino	schwarzer Pfeffer
pimentão	Paprika
pipoca	Popcorn
pistache	Pistazie
polvo	Tintenfisch
por pessoa	pro Person
porção	Portion
prato	Gericht (refere-se ao prato preparado: *ein traditionelles Gericht* = um prato típico); Teller (louça); Gang (ao referir-se à seqüência de pratos: *der erste Gang* = o primeiro prato)
prato principal	Hauptgericht / Hauptgang
presunto	Schinken
purê	Püree
puro	pur
queijo	Käse
queijo parmesão, queijo parmesão ralado	Parmesankäse / Reibkäse
queijo suíço	Schweizer Käse
quente	heiß
quiabo	NÃO É CONHECIDO
rabanete	Radieschen
raiz-forte	Meerrettich
ralado	gerieben
recheado	gefüllt
recheio	Füllung
refeição	Mahlzeit
refrigerante	Erfrischungsgetränk / Limonade

Glossário de Alimentos

repolho	Kohl
rolinho primavera	Frühlingsrolle
rúcula	Rukula
saboroso	schmackhaft / lecker
sal	Salz
salada	Salat
salada de atum	Thunfischsalat
salada verde	grüner Salat
salame	Salami
salgado	salzig
salmão	Lachs
salmão defumado	Räucherlachs / geräucherter Lachs
salsicha	Würstchen
salsinha	Petersilie
sanduíche	Sandwich
seco	trocken
self-service	Selbstbedienung
sem carne	fleischlos
sem casca	ohne Schale
sem gordura	ohne Fett
sem lactose	ohne Laktose / ohne Milchzucker
sem pele	ohne Haut
sementes de abóbora	Kürbiskerne
semidesnatado	halbfett
separado	extra
simples	einfach
sob medida	auf Bestellung
sobremesa	Nachtisch / Nachspeise / Dessert
soja	Soja
sopa	Suppe
sopa de ervilhas	Erbsensuppe

Glossário de Alimentos

sopa do dia	Tagessuppe
suave	mild
suco	Saft
suco de abacaxi	Ananassaft
suco de laranja	Orangensaft
suco de maçã	Apfelsaft
suco de tomate	Tomatensaft
suculento/a	saftig
taça	Glas
tangerina	Tangerine
tempero	Gewürz
tigela	Schüssel
tiras	Streifen
tomate	Tomate
tomates secos	getrocknete Tomaten
torrada	Toast
torrado (adj.)	geröstet
torta	Torte
torta de maçã	Apfeltorte
trufa	Trüffel
truta	Forelle
uvas-passa	Rosinen
vegetariano (subst.)	Vegetarier
vegetariano (adj.)	vegetarisch
vieiras	Kammmuscheln
vinagre	Essig
vinho	Wein; Rotwein = vinho tinto, *Weißwein* = vinho branco
vitela	Kalbfleisch
xícara	Tasse

8 Vida noturna
Nachtleben

Se você, depois de um dia cheio de atividades, com mil impressões de tudo aquilo que viu e vivenciou, ouviu e conheceu, ainda tiver força e vontade para continuar, então vá em frente e divirta-se em um bar ou quem sabe em uma discoteca! Para chegar lá, pode tranqüilamente ir de transporte público (e, se quiser, voltar também, pelo menos nas grandes cidades, onde geralmente existe transporte de madrugada); muitos alemães fazem assim, porque andar de táxi é bastante caro, e a polícia está aí de olho nos motoristas, de "bafômetro" na mão.

Para escolher o lugar certo, a melhor recomendação continua sendo o balcão da recepção do seu hotel, onde você receberá as melhores e mais seguras dicas.

PALAVRAS BÁSICAS	WICHTIGE WÖRTER
cerveja	Bier
vinho	Wein
bar	Bar
lotado, cheio	voll
cigarro	Zigarette

Pedindo bebidas	Sie bestellen ein Getränk
Um(a) [cerveja], por favor.	**Ein (Bier), bitte.**
Quero um(a) [cerveja], por favor.	**Ich hätte gern ein (Bier), bitte**
Quais são o/as [cervejas] que tem?	**Welche Sorten (Bier) haben Sie?**
Qual você recomenda?	**Was empfehlen Sie?**

Descrevendo uma casa noturna uma vez dentro	Kommentare
Não tem uma alma viva.	Hier ist ja nichts los!
Está meio parado para uma (sexta) à noite.	Es ist reichlich ruhig für einen (Freitag) Abend.
Está cheio!	Das ist aber voll hier!
Está lotado!	Das ist já vollkommen überfüllt!
A música está muito alta!	Die Musik ist sehr laut!

Descrevendo um drinque	Sie sprechen über einen Drink
É muito forte.	Das ist aber stark!
Sobe muito rápido.	Das steigt sofort zu Kopf.
Me dá ressaca.	Davon bekomme ich einen Kater.
O melhor [chopp] que já tomei foi em...	Das beste (Bier), das ich je getrunken habe, war in ...

Falando sobre bebida	Kommentare zum Alkoholgenuss
Não posso beber. Estou dirigindo.	Ich kann nichts trinken. Ich muss noch fahren..
Não posso beber. Estou tomando remédio.	Ich darf nichts trinken. Ich nehme Antibiotika.
Não bebo.	Ich trinke nicht. / Ich trinke keinen Alkohol.
Acho que já chega.	Ich glaube, es reicht.
Já subiu.	Ich spüre die Wirkung schon.
Estou meio alegre.	Ich bin ein bisschen beschwipst.
Sou fraco para bebida.	Ich vertrage nicht viel.
A bebida me sobe muito depressa.	Ich werde sehr schnell betrunken..
Tá bom, a saideira.	O.K., aber das ist der letzte!
Tá bom, só um pinguinho/dedinho.	O.K. aber nur ein bisschen!
Estou bêbado.	Ich bin betrunken.
Vou me arrepender disso amanhã.	Morgen werde ich es bereuen..
Enchi a cara ontem.	Gestern habe ich einen über den Durst getrunken.
Bebi todas.	Ich war richtig blau.
Estou com (a maior) ressaca.	Ich habe einen (furchtbaren) Kater.
Bebi demais.	Ich habe zu viel getrunken.

9 Compras e serviços

Einkäufe und Dienstleistungen

Quem não gosta de fazer compras, principalmente quando há uma promoção "imperdível"? É ainda mais difícil deixar de comprar quando se trata de um serviço ou produto que é difícil de se achar no Brasil, ou quando esse produto/serviço é muito mais caro no Brasil.

O que pode valer a pena comprar são câmeras e monitores, mas lembre-se de que o total de suas compras no exterior não deve exceder a quantia de 500,00 dólares, para vocês não terem que se incomodar na Alfândega, voltando ao Brasil. Aliás, existe a possibilidade de vocês receberem de volta um imposto (uma espécie de IVA), que já vem incluído no preço das mercadorias na Alemanha. No caso de eletro-eletrônicos, ele está em 16%, e o procedimento é o seguinte: no ato da compra, peçam ao balconista o formulário "tax refund" e tenham à mão o seu passaporte, já que vocês vão levar a mercadoria para o exterior. Em Frankfurt, onde geralmente se embarca de volta ao Brasil, dirijam-se à Alfândega, apresentando o seu passaporte, a mercadoria e o formulário preenchido e carimbado pela loja. Depois (é, a coisa é complicada!) dirijam-se ao balcão do TAX REFUND, apresentando tudo de novo. E aí terão uma certa decepção: não receberão os 16% integralmente (que vocês pagaram em imposto), mas apenas um pouco mais da metade, porque a firma encarregada é terceiriziada (e leva quase 50% do valor do imposto a restituir).

TERMOS FREQÜENTEMENTE USADOS EM VENDAS

nur – apenas
Ausverkauf – liquidação
Totalausverkauf – queima
Coupon / Kupon – cupon
Rabatt – desconto
Kasse – caixa
an der Kasse – no caixa
jeder / jede / jedes – cada
ab – a partir de; ex. *Notebooks ab 600,00 €* – Notebooks a partir de 600,00 €
von ... auf – de ... por; ex.: *von 90,00 auf 50,00 €* (de 90,00 por 50,00 €)
nur 1 Stück pro Kunde – um por cliente
herabgesetzt – remarcado; preço reduzido
heruntergezeichnet – remarcado; preço reduzido
off – "de desconto"; ex. *50% off* ("50% de desconto")
Preis an der Ware – descontos já calculados nas etiquetas
Kauf / Einkauf – compra
Quittung – recibo / nota
sparen Sie! – Economize!
Ersparnis – economia
Zugabe – brinde
bis / bis zu – até; ex: *Bis zu 50% Rabatt* (até 50% de desconto)
solange Vorrat reicht – enquanto durarem os estoques
beim Einkauf – com a compra

A moeda européia: O Euro

Veja no Apêndice 6 as várias cédulas do Euro.

Mais informações interessantes

- Respeite a fila. E mesmo que se trate apenas de uma dúvida para tirar com a caixa, não fure a fila sob hipótese alguma.
- A maioria das lojas permite trocas. Retenha o seu recibo.
- Apesar de existirem palavras distintas na língua alemã, no comércio, de uma maneira geral, não se faz distinção entre "recibo" (Quittung) e "nota fiscal" (Rechnung).

PALAVRAS BÁSICAS	WICHTIGE WÖRTER
comprar	kaufen
promoção	Angebot
quanto	wie viel
com licença	Entschuldigung! / Entschuldigen Sie bitte!
trocar	tauschen (dinheiro)/umtauscher (mercadoria)
provar (roupa)	anprobieren
provar (comida, serviço)	probieren
provador	Anprobe
você tem...?	Haben Sie ...?
tamanho	Größe
pequeno/menor	klein / kleiner
grande/maior	groß / größer
roupas	Kleidung
eletrônicos	elektronische Geräte
livros	Bücher

Vá à página 112 para ver uma lista completa de termos usados para comprar roupas e acessórios.

Achando o que você precisa			**Sie finden, was Sie brauchen**		
Tem um(a)	shopping	**por aqui?**	**Ist hier ein**	Einkaufszentrum	**in der Nähe?**
	supermercado		ein	Supermarkt	
	restaurante		ein	Restaurant	
	café		ein	Café	
	danceteria		eine	Tanzbar	
	bar		eine	Kneipe	
	farmácia		eine	Apotheke	
	drogaria		eine	Drogerie	
	loja de calçados		ein	Schuhgeschäft	
	papelaria		ein	Papiergeschäft	

Achando o que você precisa			Sie finden, was Sie brauchen		
Tem um(a)	padaria	**por aqui?**	**Ist hier eine**	Bäckerei	**in der Nähe?**
	banca de revistas		ein	Kiosk	
	banco		eine	Bank	
	salão		ein	Salon	
	cabeleireiro		ein	Friseur	
	loja de câmeras		ein	Fotogeschäft	
	posto de gasolina		eine	Tankstelle	
	livraria		eine	Buchhandlung	
	loja de CDs		ein	CD-Laden	
	borracharia		eine	Reifenreparatur	
	oficina		eine	Werkstatt	
	mercadinho		ein	Tante-Emma-Laden	
	hospital		ein	Krankenhaus	
	agência de viagens		ein	Reisebüro	
	caixa eletrônico		ein	Geldautomat	
	dentista		ein	Zahnarzt	
	ótica		ein	Optiker	
	delegacia		eine	Polizeiwache	
	tinturaria		eine	Reinigung	
	tabacaria		eine	Tabakladen	
	hotel		ein	Hotel	
	correios		eine	Post	
	cyber café (ponto de acesso à Internet)		ein	Internetcafé	

Cliente	Kunde
Há algum lugar por aqui onde eu possa [trocar dinheiro]?	**Kann ich hier irgendwo Geld wechseln?**
Só estou olhando, obrigado.	**Ich schaue nur mal, danke.**
(*chamando atenção*) Por favor...	**Entschuldigen Sie bitte ...**
Poderia me ajudar, por favor?	**Können Sie mir helfen?**

Cliente	Kunde
Vocês aceitam [American Express]?	**Nehmen Sie [American Express]?**
Vocês aceitam cheque de viagem?	**Nehmen Sie Reiseschecks?**
Vocês têm ...?	**Haben Sie ...?**
Estou procurando ...	**Ich suche ...**
Sabe onde poderia encontrá-lo?	**Können Sie mir sagen, wo ich das bekomme?**
Vi uma [jaqueta] na vitrine.	**Ich habe eine (Jacke) im Schaufenster gesehen.**
Está em promoção?	**Ist das im Angebot?**
Tem alguma coisa na promoção?	**Haben Sie irgend etwas im Angebot?**
Posso mandar isso para o Brasil?	**Kann ich das nach Brasilien schicken lassen?**
É para presente.	**Es ist ein Geschenk.**
Vocês podem embrulhar isso para presente?	**Können Sie mir das als Geschenk einpacken?**
Qual é o preço na promoção?	**Wie viel kostet das im Angebot?**
Você tem no tamanho P/M/G/GG?	**Haben Sie das in S / M / L / XL ?**
Você tem num tamanho menor/maior?	**Haben Sie das in kleiner / größer?**
Onde ficam os provadores?	**Wo ist die Anprobe?**
É um pouco/muito pequeno grande justo folgado formal casual	**Es ist ein bisschen zu klein groß eng weit formell leger**
... para o meu gosto.	**... für meinen Geschmack.**
... para ser sincero.	**... um ehrlich zu sein.**
Vocês fazem ajustes?	**Machen Sie Änderungen?**
Quanto tempo leva?	**Wie lange dauert das?**
Qual é o horário de vocês aqui?	**Welche Öffnungszeiten haben Sie?**
A que horas fecham?	**Um wie viel Uhr schließen Sie?**
Vocês abrem aos [fins de semana]?	**Haben Sie (am Wochenende) geöffnet?**
Quero continuar olhando mais um pouco.	**Ich möchte mich gern noch ein wenig umsehen.**

Vou ficar com este. / Vou ficar com estes.	**Ich nehme das hier. / Ich nehme diese hier.**
Por favor, onde eu pago?	**Entschuldigen Sie, wo zahle ich?**
Vocês fazem troca?	**Kann ich das umtauschen? / Tauschen Sie um?**
Você me dá uma nota fiscal, por favor?	**Könnte ich bitte eine Quittung/ Rechnung haben?**
Atendente	**Verkäufer**
Eu já volto.	**Ich bin sofort wieder da.**
Pois não?	**Was darf's sein?**
Oi, posso ajudá-lo?	**Kann ich Ihnen helfen?**
Já foi atendido?	**Werden Sie schon bedient?**
Fique à vontade.	**Schauen Sie sich gern um.**
Está procurando algo em especial?	**Suchen Sie etwas Bestimmtes?**
Posso ajudá-lo a encontrar alguma coisa?	**Kann ich Ihnen bei der Suche behilflich sein?**
[As malhas] estão em promoção.	**Wir haben (Strickwaren) im Angebot.**
Está fora do estoque.	**Wir haben das nicht auf Lager.**
Nós não trabalhamos com...	**Wir führen leider keine ...**
Vou verificar lá atrás.	**Ich werde mal hinten nachsehen.**
Posso mostrar...	**Darf ich Ihnen ... zeigen?**
Talvez queira algo mais (esportivo).	**Vielleicht möchten Sie etwas (Sportlicheres).**
Você quer que eu embrulhe para presente?	**Möchten Sie das als Geschenk eingepackt haben?**
Você pode pagar aqui.	**Sie können hier bezahlen.**
É só? / Vai levar mais alguma coisa?	**Ist das alles? Möchten Sie noch etwas anderes ansehen?**
Me desculpe, mas seu cartão não passou.	**Tut mir leid, aber Ihre Karte wurde vom System nicht angenommen..**
Você teria outro cartão?	**Hätten Sie vielleicht eine andere Karte?**
Quer que ponha em uma sacola?	**Möchten Sie eine Tragetasche / eine Tüte?**
Seu recibo.	**Ihre Quittung / Ihr Kassenbon.**
Tenha um bom dia.	**Einen schönen Tag noch!**

Glossário de compras (roupas e acessórios)

Roupas (Alemão/Português)

Anprobe / Ankleidekabine	provador, vestiário
Anzug	terno
Badeanzug	maiô
Badehose	sunga
Badekleidung	roupa de praia
Bermudashorts (pl.)	bermuda
BH (Büstenhalter)	sutiã
Bikini	biquini
Blazer / Clubjacke	blazer
Bluse	blusinha, bata curta
Bolero	tipo de bolero de amarrar na frente
Boxershorts	samba-canção
Faltenrock	saia de prega
Fitnesskleidung	roupa de ginástica
gepolstert	com enchimento
Handschuhe	luvas
Hipster	calcinha cintura baixa
Höschen	calcinha feminina
Hose	calça
Jacke	paletó, jaqueta, blazer, casaco
Kanga	canga
Kleid	vestido
Korsett	corselete
lange Hose	calça social
lange Hose	calça esporte-fino
langes Kleid / Abendkleid	vestido longo
Leggings / Leggins	legging
Mantel	casacão
Minirock	minissaia
Morgenrock / Bademantel	robe, roupão

Mütze	gorro
Nachthemd	camisola
Nachtwäsche	roupa de dormir
Nackenhalter-Top	blusa de frente única
Oberhemd	camisa social (para homem)
Outfit	conjunto, modelito
Polohemd	camisa pólo
Pulli	suéter
Pullover / Pulli	blusão, malha
Push-up BH	sutiã meia-taça
Pyjama	pijama
Regenmantel	capa de chuva
Rock	saia
Strass	strass
Sarong	canga
Schal	xale
schulterfreier Top	top tomara-que-caia
Shorts (pl.)	short
Socken	meias curtas
Sommerkleid	vestido leve, de verão
Sporthemd	camisa esportiva
Stola	manta, xale
String-Tanga	calcinha fio-dental
Strümpfe	meias
Strumpfhose	meia-calça
Sweatshirt	blusão de malha de algodão (manga comprida)
Tank top	camiseta regata
Top	blusa, top
Trainingsanzug	calça e blusa (normalmente de moletom)
Trenchcoat	sobretudo
T-Shirt	camiseta
Tunika	bata

Überzieher / Wintermantel	sobretudo
Unterhemd	camiseta de baixo
Unterhose	cueca
Unterrock	anágua
Unterwäsche	roupa íntima
Weste	colete

Roupas (Português/Alemão)

anágua	Unterrock
bata	Tunika
bermuda	Bermudashorts
blazer	Blazer / Clubjacke
blusinha, top	Top
calça	Hose
Camisa social (homem)	Oberhemd
Camisa (mulher)	Bluse
calcinha	Höschen / Slip
calcinha cintura baixa	Hipster
calcinha fio-dental	String-Tanga
cueca	Unterhose
camisa	Hemd
camisa pólo	Polohemd
camiseta	T-shirt
camiseta regata	Tank top
camisola	Nachthemd
canga	Kanga / Sarong
casacão	Mantel
casaco	Jacke
colete	Weste
conjunto, modelito	Outfit
corselete	Korsett
legging	Leggings / Leggins

manta, xale	Stola
meia-calça	Strumpfhose
meias	Strümpfe
minissaia	Minirock
paletó, jaqueta, blazer, casaco	Jacke
pijama	Pyjama
provador, vestiário	Anprobe / Ankleidekabine
robe, roupão	Morgenrock (de tecido) / Bademantel (do mesmo tecido da toalha)
roupa de dormir	Nachtwäsche
roupa de ginástica	Fitnesskleidung
roupa de praia	Badekleidung
roupa íntima	Unterwäsche
saia	Rock
saia de prega	Faltenrock
samba-canção	Boxershorts
sobretudo	Überzieher / Wintermantel
suéter	Pulli
sunga	Badehose
sutiã	BH (abrev. de: Büstenhalter)
sutiã com enchimento	gepolstert
sutiã meia-taça	Push-up BH
tanga	Tanga
terno	Anzug
tomara-que-caia	schulterfrei
vestido	Kleid
vestido leve	Sommerkleid
vestido longo	langes Kleid
xale	Schal (só no pescoço) / Umschlagetuch

Acessórios e Cosméticos (Alemão/Português)

Abendtasche	bolsa para sair à noite
Aftershave-Lotion	pós-barba
Aktentasche	pasta (para documentos), normalmente com alça
Anhänger	pingente
Anti-aging Creme	creme antienvelhecimento
Armband	pulseira
Armreifen	bracelete
Baseballkappe	boné de beisebol
Baskenmütze	boina
Beutel	estilo de bolsa feminina com alças
Brosche	broche
Cowboyhut	chapéu tipo caubói
Diamant	diamante
Edelmetall	metal precioso
Edelstein	pedra preciosa
Feuchtigkeitscreme	hidratante
Fußgelenkband	tornozeleira
Geldbörse	carteira
Gürtel	cinto
Haargummi	frufru, elástico de cabelo
Haarklemme	grampo de cabelo
Haarreifen	tiara
Halbedelstein	pedra semipreciosa
Halskette	colar
Halstuch	cachecol, lenço
Handschuhe	luva(s)
Handtasche	bolsa
Hosenträger	suspensórios
Hut	chapéu
Kette	corrente
Kölnisch Wasser	água-de-colônia

Krawatte	gravata
Krawattenhalter	prendedor de gravata
Lidschatten	sombra para os olhos
Lipgloss	gloss; brilho para os lábios
Lippenstift	batom
Make-up	base
Make-up	maquiagem
Manschettenknöpfe	abotoaduras
Mascara	rímel
Modeschmuck	bijuterias
Mütze	gorro
Nadel / Brosche	broche, alfinete
Nagellack	esmalte para unhas
Ohrringe	brincos
Ohrstecker	brinco pequeno
Parfum / Parfüm	perfume
Perle	pérola
Perlmutt	madrepérola
Piercing	piercing
Portemonnaie / Portmonee	porta-moedas
Ring	anel, aliança
Rouge	blush
Rucksack	mochila
Schal	manta
Schärpe	faixa
Schirm / Regenschirm	guarda-chuva / sombrinha
Schirmmütze	boné
Schultertasche	bolsa com alça longa
Sonnenbrille	óculos de sol
Tasche	bolsa, sacola, carteira (de festa)
Uhr	relógio
Umschlagetuch	manta

Acessórios e Cosméticos (Português/Alemão)

abotoaduras	Manschettenknöpfe
anel, aliança	Ring
base	Make-up
batom	Lippenstift
bijuterias	Modeschmuck
boina	Baskenmütze
bolsa	Tasche / Handtasche
bolsa com alça longa	Schultertasche
bolsa para sair à noite	Abendtasche
boné	Schirmmütze
bracelete	Armreifen
diamante	Diamant
brinco(s)	Ohrringe
broche	Brosche / Nadel
cachecol	Halstuch / Schal
carteira	Geldbörse, Portemonnaie
chapéu	Hut
cinto	Gürtel
colar	Halskette
corrente	Kette
creme antienvelhecimento	Anti-aging-Creme
esmalte para unhas	Nagellack
faixa	Schärpe
frufru, elástico de cabelo	Haargummi
gorro	Mütze
grampo de cabelo	Haarklemme / Haarklammer
gravata	Krawatte
guarda-chuva, sombrinha	Regenschirm, Schirm
hidratante	Feuchtigkeitscreme
lenço	Tuch
luva(s)	Handschuh(e)

madrepérola	Perlmutt
manta	Stola
maquiagem	Make-up
metal precioso	Edelmetall
miçangas	Glasperlen
mochila	Rucksack
óculos de sol	Sonnenbrille
pasta (para documentos, papéis)	Aktentasche / Diplomatenkoffer
pedra preciosa	Edelstein
pedra semipreciosa	Halbedelstein
perfume	Parfum / Parfüm
pérola	Perle
piercing	Piercing
pingente	Anhänger
porta-moedas	Portemonnaie / Portmonee
pós-barba	Aftershave-Lotion
prendedor de gravata	Krawattenhalter
pulseira	Armband
relógio	Uhr
rímel	Mascara
sacola	Tasche
sombra para os olhos	Lidschatten
suspensórios	Hosenträger
tiara	Haarreifen
tornozeleira	Fußgelenkband

Atributos (Alemão/Português)

Acryl	acrílico
Angora	tecido feito de pêlo da cabra ou das imitações do coelho angorá
anliegend	que se ajusta ao corpo
ärmellos	sem manga
aus Daunen	de penas de ganso
ausgeschnitten	decotado
Baumwolle	algodão
bedruckt / gemustert	estampado
beige	bege
bequem	confortável
bestickt	bordado
blau	azul
braun	marrom
Cordsamt	veludo cotelê
Damen	mulheres, senhoras
doppelreihig	com duas fileiras de botões
Druck	estampa
durchsichtig	transparente
eng	apertado, justo
Etikett / Marke	etiqueta, marca
falsch	falso
Farbe	cor
fein / angezogen	social
Filz	feltro
Franse	franja
Frühling	primavera
für Damen	feminino
für Herren	masculino
gebraucht	usado
gehäkelt	feito de crochê
gekräuselt	com ondulações ou preguinhas

gelb	amarelo
gepolstert	com enchimento
gestreift	listrado
gestrickt	tricotado
Glasperlen	miçangas
glatt	liso
Gold ; golden	ouro ; dourado
grau	cinza
Größe	tamanho
Gummi	borracha
Gummiband	elástico
handbedruckt	estampado à mão
Imitation	imitação
kariert	axadrezado, quadriculado
Kaschmir	caxemira
khaki	cáqui
klein	pequeno
knitterfrei	tecido que não amarrota
Köper	tecido jeans
kurz	curto
kurzärmelig	com manga curta
L	tamanho G
lang	comprido
langärmelig	com manga comprida
Leder	couro
leicht	leve
leuchtend	vivo (cores vivas)
M	tamanho M
Marke	marca
Masche	malha de rede, ponto (do tricô)
mit Falten	com pregas
mit Knöpfen	de botões
mit Nieten	com tachas

mit tief gesetzter Taille	cintura baixa
Mohair	pêlo de cabra angorá
Muster	estampado, desenho
Nackenhaltertop	frente única
Nylon	náilon
orange	laranja
Pailletten	lantejoulas
Paisley	estampado especial com curvas
Pastelltöne	tons pastéis
Pelz	pele (ex.: "Fudspelz" = pele de raposa)
pink	pink
Polyester	poliéster
Preisschild	etiqueta, preço
purpur	purpúreo, da côr púrpura
Rayon	seda artificial
Rollkragen	gola rolê
Rosa	cor-de-rosa
rot	vermelho
rückenfrei	aberto atrás, costas nuas
S	tamanho P
Samt	veludo
Satin	cetim
Schlicht	simples/básico
Schnitt	corte
schwarz	preto
Seide	seda
Silber; silbern	prata; prateado
Sommer	verão
Spitze	renda
Stiefelhose	calça com corte para botas
Stil	estilo
Strass	strass
Streifen	listras

Stretch	stretch
Taft	tafetá
trägerlos	tomara-que-caia, sem alças
Tupfen	bolinhas
türkis	azul-turquesa
Tweed	tecido de lã, geralmente de duas cores, usado especialmente em roupas masculinas
Übergrößen	tamanhos maiores
uni	de uma cor só
V-Ausschnitt	gola em V, decote em V
Vinyl	vinil
violett	roxo
warm	quente
waschbar	lavável
wasserdicht	à prova d'água
weich	suave
weinrot	cor-de-vinho
weiß	branco
weit / lose	folgado
Wildleder	camurça
Winter	inverno
Wolle	lã
XL	tamanho GG
XS	tamanho PP
XXL / Übergröße	tamanho GGG
zerknittert	amassado
zerrissen	rasgado
zierlich	tipo mignon
zweiteilig	de duas peças

Atributos (Português/Alemão)

à prova d'água	wasserdicht
aberto atrás, costas nuas	rückenfrei
acrílico	Acryl
algodão	Baumwolle
amarelo	gelb
apertado, justo	eng
quadriculado	kariert
azul	blau
azul-turquesa	türkis
bege	beige
bolinhas	Tupfen
bordado	bestickt
borracha	Gummi
branco	weiß
camurça	Wildleder
cáqui	khaki
caxemira	Kaschmir
cetim	Satin
cintura baixa	mit tief gesetzter Taille
cinza	grau
com enchimento	gepolstert
com miçangas	mit Glasperlen bestickt
com pregas	mit Falten
comprido	lang
confortável	bequem
cor	Farbe
cor-de-rosa	rosa
cor-de-vinho	weinrot
corte	Schnitt
couro	Leder
curto	kurz

de botões	mit Knöpfen
frente única	Nackenhaltertop
de penas de ganso	aus Daunen/aus Federn
decotado	ausgeschnitten
elástico	Gummiband
estampa	Druck
estampado	bedruckt
estampado, desenho	Muster
estilo	Stil
etiqueta	Etikett
etiqueta, preço	Preisschild
falso	falsch
feito de crochê	gehäkelt
feltro	Filz
feminino	für Damen
folgado	weit / lose
franja	Franse
GG	XL
decote em V	V-Ausschnitt
gola rolê	Rollkragen
imitação	Imitation
inverno	Winter
lã	Wolle
lantejoulas	Pailletten
laranja	orange
lavável	waschbar
leve	leicht
liso	glatt
listrado	gestreift
listras	Streifen
malha de rede	Masche
com manga comprida	langärmelig
com manga curta	kurzärmelig

marca	Marke
marrom	braun
masculino	für Herren
miçangas	Glasperlen
náilon	Nylon
ouro	Gold
dourado	golden
tons pastéis	Pastelltöne
pele	Pelz
pequeno	klein
pink	pink
poliéster	Polyester
PP	XS
prata	Silber
prateado	silbern
preto	schwarz
primavera	Frühling
quente	warm
rasgado	zerrissen
renda	Spitze
roxo	purpur
seda	Seide
sem manga	ärmellos
simples, básico	schlicht
social	fein, angezogen
strass	Strass
stretch	Stretch
suave	weich
tafetá	Taft
tamanho	Größe
tamanho G	L
tamanho GG	XL
tamanho GGG	XXL

tamanho M	M
tamanho P	S
tamanho PP	XS
tamanhos maiores	Übergrößen
tecido	Stoff
tecido jeans	Köper
tomara-que-caia, sem alças	trägerlos
tricotado	gestrickt
usado	gebraucht
veludo	Samt
veludo cotelê	Cordsamt
verão	Sommer
vermelho	rot
vinil	Vinyl
vivo (cores vivas)	leuchtend

Calçados (Alemão/Português)

(vorne) rund	de bico redondo
(vorne) spitz	de bico pontudo
Absatz	salto
Ausgehschuh	sapato social
Clog	tamanco com sola de madeira
flach	sapato de salto baixo
Flip-flop	chinelo de dedo
Hausschuh	chinelo (pantufa)
hohe Absätze	salto alto
Laufschuh	sapato confortável para andar bastante
Mokassin	mocassin
Pumps	escarpim
Riemchen	alças
Sandale	sandália
Schlappen	chinelo

Schnalle	fivela
Schnürschuh	sapato de cadarço
Schuhe	sapatos, calçados
Schuhe mit hohen Absätzen	sapatos de salto alto
Slipper	sapato sem necessidade de amarrar
Sneakers	tênis
Sohle	sola
Spitze	bico
Sportschuh / Turnschuh	tênis
Stiefel	bota
Stiefelette	bota baixa, meia bota
Tennisschuh	tênis
Trainigsschuh	tênis

Calçados (Português/ Alemão)

alças	Riemchen
bico	Spitze
bota	Stiefel
bota baixa, meia bota	Stiefelette
calçados	Schuhe
chinelo de dedo	Flip-flop
com bico pontudo	(vorne)spitz
com bico redondo	(vorne) rund
fivela	Schnalle
mocassins	Mokassins
salto	Absatz
salto alto	hoher Absatz
sandália	Sandale
sapato de cadarço	Schnürschuh
sapato de salto alto	hochhackiger Schuh
sapato de salto baixo	flacher Schuh
sapato social	Ausgehschuh

sapatos, calçados	Schuhe
sola	Sohle
tênis	Tennisschuhe / Sportschuhe / Trainingsschuhe / Sneakers

Partes de Roupa (Alemão/Português)

Ärmel	manga
Borte	borda
Bündchen	punho (de manga)
Falte	prega
Franse	franja
Futter	forro
Glasperlen	miçangas
Kapuze	capuz
Knopf	botão
Kragen	gola
Niete	tacha
Quaste	borla
Rücken	costas, dorso
Saum	bainha
Schnalle	fivela
Tasche	bolso
Träger	alça
Vorderseite	frente

Partes de Roupa (Português/Alemão)

alça	Träger
bainha	Saum
bolso	Tasche
borda	Borte
borla	Quaste

botão	Knopf
capuz	Kapuze
cintura	Taille
contas	Perlen
costas, dorso	Rücken
fivela	Schnalle
forro	Futter
franja	Franse
frente	Vorderseite
gola	Kragen
manga	Ärmel
miçangas	Glasperlen
perna (de calça)	Hosenbein
prega	Falte
punho (de manga)	Bündchen
tacha	Niete

Caimento e Partes do Corpo (Alemão/Português)

Arm	braço
Rücken	costas
Brust	peito
Fußgelenk	tornozelo
Hals	pescoço
Handgelenk	pulso
Hüfte	quadril
Knie	joelho
Oberschenkel	coxa
Schulter	ombro
Sitz	caimento
Taille	cintura

Caimento e Partes do Corpo (Português/ Alemão)

apertado	eng
braço	Arm
caimento	Sitz
cintura	Taille
costas	Rücken
coxa	Oberschenkel
folgado	weit
joelho	Knie
justo	anliegend
ombro	Schulter
peito	Brust
pescoço	Hals
pulso	Handgelenk
quadril	Hüfte
tornozelo	Fußgelenk

10 Entretenimento
Unterhaltung

Para evitar problemas quando comprar ingressos, o melhor é comprá-los direto na bilheteria e não pelo telefone. Isto porque, nas bilheterias têm-se acesso ao mapeameto de lugares, normalmente numerado. Como há uma grande diversidade de nomes de divisões em estádios, teatros e até cinemas, isto dificulta a compreensão pelo telefone.

PALAVRAS BÁSICAS	WICHTIGE WÖRTER
criança	Kind
adulto	Erwachsener
ingresso	Karte / Eintrittskarte
lugar	Platz
esgotado	ausverkauft
palco	Bühne
galeria	Balkon
camarote	Loge
balcão	erster Rang
platéia (lugar)	Parkett

Cinema	**Kino**
Os cinemas normalmente não dão desconto para estudantes. Há também as matinês, que são sessões normalmente antes das 16h, por um valor um pouco acima da metade do preço normal	
[2] ingressos para [Casablanca].	**[Zwei] Karten für (Casablanca), bitte.**
Para a sessão das [8].	**Für die Vorstellung um (acht).**
Ainda tem para a sessão das [8]?	**Gibt es noch Karten für die Vorstellung um (acht)?**
A que horas dá para entrar?	**Um wie viel Uhr ist Einlass?**

Com licença, tem alguém sentado aqui?	**Entschuldigen Sie, ist dieser Platz noch frei?**
Me desculpe, mas tem alguém sentado aqui.	**Tut mir leid, da sitzt schon jemand.**

Teatro/Ópera	**Theater / Oper**

É possível comprar ingressos mais baratos no mesmo dia do espetáculo, até uma hora antes.

A que horas começa o espectáculo?	**Um wie viel Uhr beginnt die Aufführung?**
Ainda há ingressos para hoje à [noite]?	**Haben Sie noch Karten für (heute Abend)?**
Quero um lugar no ____ , se possível.	**Ich hätte gern einen Platz im ____ , wenn möglich.**
Não muito atrás, se possível.	**Nicht zu weit hinten, wenn möglich.**
Tem alguma coisa mais perto do palco?	**Gibt es etwas näher an der Bühne?**
Se tiver um lugar no meio, está ótimo.	**Wenn Sie etwas in der Mitte haben – sehr gut!**
Me desculpe, acho que este é meu lugar.	**Entschuldigen Sie, ich glaube, das ist mein Platz.**

Eventos esportivos	Sportveranstaltungen
[2] ingressos para [o jogo de quarta], por favor.	**[Zwei] Karten für (das Spiel am Mittwoch) bitte.**
Posso ver a programação?	**Kann ich das Programm sehen?**
Qual é a seção mais em conta?	**Wo sind die billigsten Plätze?**
Queria um lugar na arquibancada, por favor.	**Ich möchte bitte einen Platz auf der Tribüne.**
Não conheço os estádios [alemães]. Que seção você recomenda?	**Ich kenne kein deutsches Stadion. Wo sitzt und sieht man am besten?**
Seria bom um lugar perto do campo/quadra.	**Ich würde gern nicht zu weit vom Spielfeld / vom Platz sitzen.**
A que horas começa o jogo?	**Um wie viel Uhr beginnt das Spiel?**

11 No cabeleireiro/salão
Beim Friseur

Ir a um salão de beleza, na Alemanha, é algo parecido com um investimento. Cortar o cabelo, pintar, hidratar – tudo isto junto pode significar um gasto entre 100,00 e 300,00 Euros – dependendo do salão, assim como no Brasil!

Tem mais uma informação importante para aquelas pessoas que gostam de fazer as unhas: preparem-se para não terem a cutícula cortada, e sim empurrada para trás – cortá-la é considerado prejudicial à saúde e por isso "não se faz".

PALAVRAS BÁSICAS	WICHTIGE WÖRTER
cortar	schneiden
aparar	nachschneiden
lavar	waschen
manicure	Maniküre
pedicure	Pediküre
marcar	sich anmelden
quanto tempo?	wie lange.......?
Quanto?	wie viel ......?

Para uma lista mais completa dos termos usados em cabeleireiros e salões, vá ao glossário na página 139.

Mulheres	Damen
Quero...	Ich hätte gern.../Ich Möchte...
Quero cortar.	Ich möchte die Haare schneiden lassen.
Quero manter o corte.	Ich möchte denselben Schnitt behalten.
Quero lavar.	Ich möchte die Haare waschen lassen.
Quero um permanente.	Ich hätte gern eine Dauerwelle.
Quero uma escova.	Ich hätte gern eine Föhnwelle.
Quero fazer luzes.	Ich hätte gern Strähnchen.
Quero tingir.	Ich möchte die Haare färben lassen.
Quero a franja comprida/curta.	Ich möchte die Stirnhaare / das Pony lang / kurz.
Quero fazer a mão/o pé.	Ich möchte die Fingernägel / die Fußnägel machen lassen.
Quero fazer as unhas.	Ich möchte die Nägel machen lassen.
Quero fazer uma depilação nas [pernas].	Ich möchte mich epilieren lassen.
Quero tirar as sobrancelhas.	Ich möchte die Augenbrauen zupfen lassen.
Quero uma maquiagem.	Ich möchte mich schminken lassen.
Homem (especialmente)	**Herren**
Quero ...	Ich hätte gern ...
Quero cortar.	Ich hätte gern einen Schnitt.
Só quero uma aparada, por favor.	Bitte nur nachschneiden.
Quero levar.	Bitte einmal waschen.
Quero deixar curto atrás.	Ich habe es im Nacken gerne kurz.
Quero deixar as costeletas curtas/compridas.	Ich möchte die Koteletten kurz / lang.
Quero pentear para a frente/para trás/para o lado.	Ich möchte es gern nach vorn / nach hinten / zur Seite gekämmt.

Glossário de Termos Usados em Salão de Beleza

O objetivo da primeira lista de termos a seguir é ajudar o usuário deste guia a entender o que está escrito e/ou sendo falado em um salão de beleza, na Alemanha, na Áustria e na Suíça. Na lista seguinte, organizada a partir do português, você encontrará o vocabulário para fazer o seu pedido ao atendente.

Cabelo (Alemão-Português)

Augenbraue	sobrancelha
Backenbart	costeleta
Brenneisen	chapinha
das Pony nachschneiden	aparar a franja
Dauerwelle	permanente
den Bart stutzen	aparar a barba
den Schnurrbart stutzen	aparar o bigode
Entspannung	relaxamento
Farbe	cor, tintura
Farbe	tinta
färben	pintar, aplicar tintura
Färben Haaransatz	retoque
Färben komplett	tintura completa
Föhnwelle	escova
Frisur	penteado
Glätten	alisamento
glätten	alisar
Haar	cabelo
Haarschnitt	corte (de cabelo)
Haarteil	aplique
in Stufen	em camadas
Intensivspülung	hidratação profunda
Kopfhautbehandlung	esfoliação capilar
Kotelette	costeleta
kurz	curto

lang	comprido
Länge	comprimento
Lockenstab / Brennschere	baby-liss
nachschneiden	aparar
Perücke	peruca
Pony	franja
Schnitt	corte
schulterlang	na altura dos ombros
Shampoo	shampoo
Spülung	condicionador
Strähnchen	luzes, reflexos
Strähnen	balaiage
tönen	aplicar tonalizante
Tönung	tonalizante
Volumen	volume

Cabelo (Português-Alemão)

alisamento	Glätten
alisar	glätten
aparar	stutzen / nachschneiden
aparar a barba	den Bart stutzen
aparar o bigode	den Schnurrbart stutzen
aparar a franja	den Pony nachschneiden
aplique	Haarteil
baby-liss	Lockenstab
balaiage	Strähnen / Strähnchen
cabelo	Haar
chapinha	Brenneisen
comprido	lang
comprimento	Länge
cor	Farbe
corte	Schnitt / Haarschnitt

costeletas	Koteletten
curto	kurz
em camadas (corte em camadas)	In Stufen(Stufenschnitt)
escova	Föhnwelle
esfoliação capilar	Kopfhautbehandlung
franja	Pony
hidratação profunda	Intensivspülung
lavar o cabelo	Haare waschen
luzes, reflexos	Strähnchen
mega-hair	Haarverlängerung
na altura dos ombros	schulterlang
penteado	Frisur / "Styling"
permanente	Dauerwelle
relaxamento	Entspannung
retoque	Färben Haaransatz
sobrancelha	Augenbrauen
tintura	Färben
tintura completa	Färben komplett
volume	Volumen

Depilação (Alemão-Português)

Achselhöhle	axilas
Augenbrauen	sobrancelhas
Bikinizone	virilha, "cantinho"
Brust	peito
Elektrolyse	eletrólise
Epilation mit Wachs	depilar à cera, depilação
epilieren	depilar
ganzer Arm	braço completo
ganzes Bein	perna completa
Kinn	queixo
oberer Rücken	costas (parte superior)

Oberlippe	buço
Oberschenkel	coxa
Rücken	costas
Schulter(n)	ombro(s)
Unterarm	antebraço
Unterschenkel	meia-perna

Depilação (Português-Alemão)

antebraço	Unterarm
axilas	Achselhöhle
braço completo	ganzer Arm
buço	Oberlippe
cantinho	Bikinizone
costas	Rücken
costas (parte superior)	oberer Rücken
coxa	Oberschenkel
depilação	Epilation
depilar (com cera)	mit Wachs epilieren
eletrólise	Elektrolyse
meia-perna	Unterschenkel
ombro(s)	Schulter(n)
peito	Brust
perna	Bein
perna completa	ganzes Bein
queixo	Kinn
sobrancelhas	Augenbrauen
virilha	Bikinizone

12 No banco
Auf der Bank

Os bancos na Alemanha têm horários bem generosos, que podem ir das 8:00 horas até as 16:00 horas, sem fechar ao meio-dia. Mas cuidado: há muitas diferenças de um lugar para o outro, e freqüentemente, em lugares pequenos, há horários diferenciados entre os dias da semana e também alguns que fecham na hora do almoço. Por isso, é aconselhável se informar sobre os horários do banco que fica mais perto do seu hotel, por exemplo.

Mais um aviso importante: Até o presente momento, nas tabelas de câmbio, não consta o Real como moeda conversível.

Por isso, leve dólares ou euros, em espécie ou em traveller cheques.

O cliente	Der Kunde
Gostaria de trocar estes traveler's checks.	**Ich möchte bitte diese Reiseschecks einlösen.**
Queria trocar dólares.	**Ich möchte gern Dollars wechseln.**
Qual é a taxa cambial de hoje?	**Wie ist der Kurs heute?**
Gostaria de descontar um cheque.	**Ich möchte einen Scheck einlösen.**
Gostaria de enviar dinheiro para...	**Ich möchte Geld überweisen an...**
Gostaria de fazer uma transferência.	**Ich möchte eine Überweisung machen.**
Como posso transferir dinheiro da minha conta no Brasil?	**Wie kann ich Geld von meinem Konto in Brasilien hierher überweisen?**

O bancário	Der Bankangestellte
Como você quer esse valor?	**Wie möchten Sie das ausgezahlt haben?**
Cheques fora da praça/estrangeiros levam [uma semana] para cair na conta.	**Schecks von außerhalb / aus dem Ausland werden erst nach (einer Woche) gutgeschrieben.**
Você tem conta nessa agência?	**Haben Sie ein Konto bei uns?**
Qual é o número da conta?	**Wie ist die Kontonummer?**
Me empresta seu RG, por favor?	**Kann ich bitte Ihren Ausweis sehen?**
Pode digitar a senha.	**Geben Sie bitte Ihre PIN-Nummer ein.**
Você é o titular da conta?	**Sind Sie der Kontoinhaber?**
A conta está em seu nome?	**Ist das Konto auf Ihren Namen?**
Preciso que você rubrique isto.	**Bitte zeichnen Sie das ab.**
Seu saldo está negativo.	**Ihr Konto ist überzogen.**
Um instante que eu vou checar com meu gerente.	**Einen Moment bitte; ich spreche eben mit meinem Vorgesetzten.**

Ligando do exterior — Sie rufen aus dem Ausland an

Se você prever ou pressentir que vai ter que ligar do exterior para o Brasil, é uma boa idéia levar já daqui um daqueles cartões que as empresas do ramo oferecem. Com o código que consta ali, você não precisa pagar na hora, sendo o valor que você gastou debitado direto na sua conta telefônica. Ligar do hotel onde estiver hospedado pode não ser uma boa idéia, porque as taxas que os hotéis cobram em cima do valor da ligação costumam ser muito elevadas.

Se você estiver na casa de amigos, pode pedir o telefone, avisando que vai pagar a ligação. Calcular este valor é muito fácil, é só olhar o relógio. Na Alemanha, há uma dezena de operadoras concorrentes, algumas das quais informam o preço por minuto. Isto é tão barato que você vai querer falar com freqüência e durante muito tempo – só que isto é possível apenas a partir de um telefone particular.

As melhores operadoras são: 01051 e 01023 (depois deste número, você digita o código do Brasil, o código de área sem o 0, e o número do telefone desejado). Atenção: Pesquisando na Internet às vezes, descobre-se uma "oferta do dia"

Além disto, há ainda as velhas cabines telefônicas, mas aí fica complicado: você adquire um cartão telefônico e segue as instruções na cabine – cuidado, aqueles Euros que você pagou parecem água.

E uma última informação, que pode ser muito útil: para ligar da Alemanha para o Brasil a cobrar, basta discar o 0800 080 0055, ligando de qualquer telefone (inclusive de telefones públicos), falando em português!

PALAVRAS BÁSICAS	**WICHTIGE WÖRTER**
chamar	**Telefonieren / anrufen**
chamada a cobrar	**R-Gespräch (pronuncia-se: "Er-Gespräch")**
ocupado	**Besetzt.**

Estou tentando ligar para o Brasil.	**Ich versuche in Brasilien anzurufen.**
Quero fazer uma chamada a cobrar.	**Ich möchte ein R-Gespräch anmelden.**
Quero usar meu cartão telefônico.	**Ich möchte meine Telefonkarte benutzen.**
Telefonista, a linha caiu.	**Hallo, ist dort das Amt? Wir wurden unterbrochen.**
Gostaria de obter o número do/da...	**Ich hätte gern die Nummer von...**

13 Situações Sociais
Geselliger Umgang

Coisas que se falam quando as pessoas se encontram

Às saudações *Bom-dia, Boa-tarde* e *Boa-noite* em português correspondem às seguintes expressões em alemão. "Guten Morgen" (só de manhã), "Guten Tag" (o dia inteiro), "Guten Abend" (à noitinha) e "Gute Nacht" (somente quando a pessoa vai dormir). Note-se que não existe um equivalente específico para o "Boa-tarde". Informalmente, usa-se também "Hallo".

Para despedir-se, o termo mais formal é "Auf Wiedersehen"; informalmente, se diz "Tschüß" ou "Tschau".

Outra informação relevante para os contatos sociais é o tratamento. Basicamente, o alemão é bastante formal, sendo esta formalidade uma expressão do seu respeito para com o outro. Em um primeiro encontro, ele vai usar os pronomes de senhoria, que todos se resumem à palavra "Sie" ("a senhora", "o senhor", "as senhoras", "os senhores"). Com amigos e membros da família, ele vai usar o "du" ("tu"), no singular, e o "ihr" ("vocês"), no plural.

Saudações e apresentações	Begrüßung und Vorstellung
Oi.	Hallo!
Tudo bem?/Tudo bom?	Wie geht's?
Qual é o seu nome?	Wie ist Ihr Name?(formal) / Wie ist dein Name? (informal)
Desculpe, qual é mesmo o seu nome?	Entschuldigung, wie heißen Sie noch mal? (formal) Wie heißt du noch mal? (informal).
Oi, eu sou...	Hallo, ich bin...

Prazer.	**Freut mich..**
Você conhece o [João]?	**Kennen Sie (Joao)? (f.) / Kennst du (João)? (inf.)**
Eu quero lhe apresentar ao...	**Darf ich vorstellen? Das ist (João), das ist (Maria).**
Já ouvi falar muito de você.	**Ich habe schon viel von Ihnen gehört (f.) / Ich habe schon viel von dir gehört (inf.)**
A [Silvia] já me falou muito sobre você.	**[Silvia) hat mir schon viel von Ihnen (f.) / von dir (inf.) erzählt.**
Coisas boas, eu espero.	**Nur Gutes, hoffe ich!**
Não acredite em nada. É tudo mentira.	**Glauben Sie(f.) / glaub (inf.) ihm nichts! Es ist alles gelogen!**
Estava querendo muito conhecê-lo.	**Ich wollte Sie (f.) / dich (inf.) schon lange kennen lernen.**
Nossa! Finalmente vou conhecer você!	**Endlich lernen wir uns kennen!**
Gostei de conhecê-lo.	**Es hat mich sehr gefreut.**
Até (mais).	**Bis dann!**
Reencontrando	**Wiedersehen nach einiger Zeit**
Não acredito.	**Ich glaub's nicht!**
Nossa! Quanto tempo!	**Mein Gott, wie lange haben wir uns nicht gesehen!**
Que bom ver você!	**Wie schön, Sie (f.) / dich (inf.) zu treffen!**
Nossa! Faz tanto tempo!	**Es ist ewig lange her!**
Quanto tempo faz, hein?	**Wie lange ist das jetzt her?**
Tudo isso?	**Ist das so lange her?**
Nossa! O tempo voa!	**Wie die Zeit vergeht!**
Você está ótimo!	**Sie sehen (f.) / du siehst (inf.) blendend aus!**
Nossa! Você emagreceu?	**Donnerwetter! Haben Sie (f.) / hast du (inf.) abgenommen?**
Soube que você [se casou].	**Ich höre, Sie haben (f.) / du hast (inf). (geheiratet).**
Você não mudou nada.	**Sie haben sich (f.) / du hast dich (inf.) gar nicht verändert!**

Você está sempre bem.	Sie sehen (f.) / du siehst (inf.) immer großartig aus.
Então, o que você anda fazendo?	Na, und was machen Sie (f.) / machst du (inf.) so?
Então, o que você tem feito de bom?	Was gibt's Schönes zu erzählen?
Como vão as coisas?	Wie geht's? Wie steht's?
O que você está fazendo agora?	Und was machen Sie (f.) / machst du (inf.) jetzt?
Você ainda está trabalhando na...?	Arbeiten Sie (f.) / arbeitest du (inf.) noch bei...?
Você está no mesmo telefone?	Ist die Telefonnummer noch dieselbe?
Você ainda mora em...?	Wohnen Sie (f.) /wohnst du (inf.) noch in...?
Como está o [Renato]?	Wie geht es (Renato)?
E as crianças? Como vão?	Wie geht es den Kindern?
Nós precisamos nos falar mais vezes.	Wir müssen uns öfter sehen.
Perguntas pessoais	**Persönliche Fragen**
Você é de onde?	Woher kommen Sie? (f.) Woher kommst du? (inf.)
O que você faz?	Was machen Sie? (f.) Was machst du? (inf.)
Você tem namorada?	Haben Sie (f.) / hast du (inf.) eine Freundin?
Você tem namorado?	Haben Sie (f.) / hast du (inf.) einen Freund?
Você é casado/a?	Sind Sie (f.) / bist du (inf.) verheiratet?
Você tem alguém?	Sind Sie (f.) / bist du (inf.) mit jemandem zusammen?
Você tem filhos?	Haben Sie (f.) / hast du (inf.) Kinder?
Quantos anos você tem?	Wie alt sind Sie (f.) / bist du (inf.) ?
Qual é o seu signo?	Was ist Ihr (f.) / dein (inf.) Sternzeichen?
Você gosta de....?	Mögen Sie (f.) / magst du (inf.)...?
Onde você mora?	Wo wohnen Sie (f.) / wohnst du (inf.) ?
Você mora sozinho/a?	Leben Sie (f.) / lebst du (inf.) allein?

Como fazer uma pergunta pessoal sem ofender	Wie man eine persönliche Frage höflich stellt.
Posso perguntar [quantos anos você tem]?	**Darf ich fragen, wie alt Sie sind (f.) / wie alt du bist (inf.) ?**
Não precisa responder se você não quiser...	**Sie müssen nicht antworten, wenn Sie nicht wollen (f.) Du musst nicht antworten, wenn du nicht willst (inf.)...**
Você se ofenderia se eu perguntasse...	**Würde es Ihnen (f.) / dir (inf.) etwas ausmachen, wenn ich frage,...?**
Não quero ser inconveniente.	**Ich möchte Ihnen (f.) / dir (inf.) nicht zu nahe treten...**
Não quero ser intrometido.	**Ich möchte nicht aufdringlich sein.**
Só por curiosidade...	**Nur so, aus reiner Neugierde...**

Falando sobre uma viagem

É de praxe as pessoas comentarem e perguntarem sobre uma viagem. O melhor é se preparar para ter algo para contar, o que nem sempre é fácil em uma língua estrangeira.

Antes – O viajante	**Vorher – der Reisende**
Vou à [Inglaterra] (no mês que vem).	**Ich fahre (nächsten Monat) nach (England).**
Não vejo a hora.	**Ich kann es kaum erwarten..**
Estou muito ansioso.	**Ich bin richtig aufgeregt.**
Estou muito animado.	**Ich freue mich sehr darauf.**
Faz muito tempo que quero ir lá.	**Ich wollte schon lange mal dorthin fahren.**
Sempre foi um sonho poder ir lá.	**Es war immer mein Traum, dorthin zu fahren..**
Sempre ouvi coisas boas sobre lá.	**Ich habe immer viel Gutes darüber gehört..**
Não vejo a hora de ver o...	**Ich kann es kaum erwarten, das... zu sehen.**
Eu parto/saio no dia [15].	**Ich verreise am (fünfzehnten)..**
Vou ficar em/com...	**Ich wohne dort in... / bei...**
Vou ficar [2 semanas] lá.	**Ich bleibe (zwei Wochen) dort.**

Só vou passar as férias lá.	Ich will nur die Ferien dort verbringen.
Vou estudar lá.	Ich werde dort studieren.
Vou lá a trabalho.	Ich habe dort beruflich zu tun.
É uma viagem de negócios.	Es ist eine Geschäftsreise.
É uma mistura de trabalho e lazer.	Es ist eine Mischung von Arbeit und Freizeit.
O que você quer que eu traga?	Was soll ich mitbringen?
Antes – Conversando com o viajante	**Vorher – Sie sprechen mit dem Reisenden**
Para onde vai?	Wohin geht's?
Ah, é muito bom lá.	Oh, da ist es sehr schön.
Ah, sempre quis ir lá.	Oh, das wollte ich auch schon immer kennen lernen..
Dizem que é legal.	Es soll dort wirklich schön sein.
Deve estar muito ansioso!	Sie sind (f.) / du bist (inf.) bestimmt aufgeregt!
É a primeira vez que vai lá?	Ist es das erste Mal?
Você vai a passeio/a trabalho?	Ist es Urlaub? Ist es eine Geschäftsreise?
Onde você vai ficar?	Wo wohnen Sie (f.) / wohnst du (inf) dort?
Com que companhia você vai?	Mit welcher Linie fliegen Sie (f.) / fliegst du (inf.) ?
Você vai sozinho?	Fliegen Sie (f.) / fliegst du (inf.) allein?
Com quem você vai viajar?	Mit wem reisen Sie (f.) / reist du (inf.) ?
Você vai ficar lá por quanto tempo?	Wie lange bleiben Sie (f.) / bleibst du (inf.) ?
Você vai se divertir.	Sie werden (f.) / du wirst (inf.) viel Spaß haben!
Você vai adorar.	Sie werden (f.) / du wirst (inf.) begeistert sein!
Você escolheu a melhor época para ir lá.	Sie haben (f.) / du hast (inf.) den besten Zeitpunkt für die Reise ausgesucht..
Prepare-se para o calor/frio.	Stellen Sie sich (f.) / stell dich (inf.) auf heißes Wetter / kaltes Wetter ein!.

Tire muitas fotos.	Nicht vergessen:: viele Fotos machen!
Quero ver as fotos quando você voltar.	Wenn Sie wieder hier sind (f.) / wenn du wieder hier bist (inf.), möchte ich die Fotos sehen!
Não deixe de ir a...	Sie müssen (f.) / du musst (inf.) unbedingt... sehen.
Me traga um...	Bringen Sie (f.) / bring (inf.) mir einen... /eine... /ein... mit.
Durante – O viajante	**Auf der Reise – der Reisende**
Estou me divertindo bastante.	Ich genieße es sehr. / Ich habe viel Spaß.
É exatamente como eu imaginei.	Es ist genau so, wie ich gedacht hatte.
É ainda melhor do que imaginei.	Es ist noch schöner, als ich gedacht hatte.
Estou gostando muito do...	...gefällt mir sehr gu.
Mal posso esperar para contar aos meus (amigos/familiares) sobre...	Ich kann es kaum erwarten, meinen (Freunden / Verwandten) von... zu erzählen.
Estou um pouco decepcionado (com...)	Ich bin ein bisschen enttäuscht (von...)
O ____ não é bem como imaginei que seria.	Der... /die... /das... ist nicht so, wie ich es erwartet hatte.
É a [primeira] vez que venho aqui.	Ich bin zum (ersten) Mal hier.
Durante – Conversando com o viajante	**Auf der Reise – Sie sprechen mit dem Reisenden**
E, então, está se divertindo?	Nun, genießen Sie es?
O que está achando daqui/daí?	Wie gefällt es Ihnen hier / dort?
É a primeira vez que vem?	Sind Sie zum ersten Mal hier?
Já foi a...?	Waren Sie schon in...?
Depois – perguntas	**Nach der Reise – Fragen**
Como foi a viagem?	Wie war die Reise?
Foi tudo bem com o vôo?	War der Flug in Ordnung?
Teve algum problema na alfândega?	Gab es irgendwelche Probleme beim Zoll?
Com quem foi?	Mit wem sind Sie (f.) / bist du (inf.) geflogen?
Gostou da viagem?	Hat es Ihnen (f.) / dir (inf.) gefallen?

Tirou fotos?	**Haben Sie (f.) / hast du (inf.) Fotos gemacht?**
E, então, como foi?	**Nun, wie war's?**
Você ficou lá por quanto tempo mesmo?	**Wie lange waren Sie (f.) / warst du (inf.) dort?**
O hotel foi bom?	**War das Hotel gut?**
Onde você ficou?	**Wo haben Sie (f.) / hast du (inf.) gewohnt?**
Foi o que esperava?	**Haben sich Ihre (f.) / deine (inf.) Erwartungen erfüllt?**
Como estava o tempo?	**Wie war das Wetter?**
A comida era boa?	**War das Essen gut?**
E as pessoas, como eram?	**Und wie waren die Leute?**
O que tem para fazer lá?	**Was kann man dort unternehmen?**
E a vida noturna?	**Und wie ist es mit dem Nachtleben?**
E as mulheres/homens?	**Und die Frauen / die Männer?**
Ouvi falar que as [praias] são lindas.	**Ich habe gehört, es gibt dort wunderbare (Strände).**
Quero ver as fotos depois.	**Ich möchte später die Fotos sehen.**
Você deve ter um monte de histórias para contar.	**Bestimmt gibt es viel zu erzählen.**
Então, você recomenda?	**Also, können Sie (f.) / kannst du (inf.) es empfehlen?**
Depois – Respostas	**Nach der Reise – Antworten**
Estava ótimo.	**Es war herrlich**
Foi uma das melhores/piores viagens da minha vida.	**Es war eine der schönsten / schrecklichsten Reisen meines Lebens.**
Fomos a todos os lugares.	**Wir sind überall hin gefahren.**
Infelizmente não deu para...	**Leider konnten wir nicht...**
O ____ estava fechado.	**Der.../die.../das... war geschlossen.**
Fiquei surpreso com...	**Eine große Überraschung war...**
Não era nada do que imaginei.	**Ich hatte etwas ganz anderes erwartet.**
Foi tudo o que eu imaginei.	**Es war genau so, wie ich erwartet hatte.**
O [tempo] estava [péssimo/bom/ótimo].	**Das (Wetter) war (furchtbar / gut / herrlich).].**

Estava muito quente lá.	**Es war dort schrecklich heiß..** **veja também 'O tempo' página 6**
Fez sol o tempo todo.	**Es war die ganze Zeit sonnig..**
Choveu muito.	**Es hat sehr viel geregnet.**
As pessoas foram/eram [simpáticas].	**Die Leute dort waren (freundlich).**
Estava tudo muito barato/caro!	**Alles war sehr billig / teuer!**
Eu trouxe um/alguns _____ para você.	**Ich habe Ihnen (f.) / dir (inf.) einen... / eine.../ ein.../ ein paar... mitgebracht.**
Eu procurei em todas as partes um/alguns_____, mas não achei.	**Ich habe überall einen.../eine.../ein... gesucht, aber ich habe nichts gefunden.**
Você teria adorado/odiado lá.	**Sie hätten (f.) / du hättest (inf.) es herrlich / schrecklich gefunden!**
Não vejo a hora de voltar.	**Ich kann es nicht erwarten, wieder hinzufahren.**
Jamais voltaria.	**Ich würde da nie wieder hinfahren.**

Combinando um lugar — Verabredungen

Onde a gente se encontra?	**Wo treffen wir uns?**
Que tal [seu hotel]?	**Wie wär's mit Ihrem (f) /deinem (inf.) Hotel?**
Posso buscá-lo no seu hotel.	**Ich kann Sie (f.) / dich (inf.) im Hotel abholen.**
Que horas posso buscar você?	**Um wie viel Uhr kann ich Sie (f.) / dich (inf.) abholen?**
Você gostaria de me encontrar [no meu escritório]?	**Würden Sie (f.) / würdest du (inf.) mich gern (in meinem Büro) treffen?**
Você que sabe.	**Wie Sie meinen (f.) / wie du meinst (inf.)**
O que for melhor para você.	**Was immer Ihnen (f.) / dir (inf.) besser passt.**
Onde você quiser.	**Wo auch immer Sie wünschen (f.) / du wünschst (inf.)**
Você conhece...?	**Kennen Sie... (f.) / kennst du... (inf.) ?**
Nós poderiamos nos encontrar aí/lá.	**Wir könnten uns dort treffen..**
Vamos fazer o seguinte: ...	**Machen wir folgendes:...**

Podemos nos encontrar [no seu hotel] às [8:30].	**Wir treffen uns (in Ihrem /deinem Hotel) um (acht Uhr dreißig).**
Que tal?	**Wie ist es damit?**
Me avise se houver alguma mudança.	**Wenn sich irgendetwas ändert, geben Sie mir (f.) / gib mir (inf.) nur Bescheid.**
Se por algum motivo você não puder, me dê uma ligada.	**Wenn Sie aus irgendeinem Grund nicht können, rufen Sie mich nur an (f.) Wenn du aus irgendeinem Grund nicht kannnst, ruf mich an (inf.)**

A biografia **Biographie**

Tenho [34] anos.	**Ich bin (vierunddreißig)**
Sou [arquiteto].	**Ich bin (Architekt).** **vejá também o apêndice 1**
Moro em [São Paulo].	**Ich lebe in São Paulo.**
...mas eu nasci em [Belo Horizonte].	**Aber ich bin in (B.H.) geboren.**
Eu nasci em [1980].	**Ich bin (neunzehnhundertachtzig) geboren.**
Eu sou [da Bahia].	**Ich bin aus [Bahia].**
Eu cresci em [Porto Alegre].	**Ich bin in [Porto Alegre] aufgewachsen.**
Passei a maior parte da infância em...	**Ich habe den größten Teil meiner Kindheit in... verbracht.**
Passava/Passávamos as férias de verão em...	**Die Sommerferien haben wir immer in... verbracht..**
Meus pais são/eram de [Fortaleza].	**Meine Eltern sind / waren aus (Fortaleza)**
Quando eu tinha [12], nós nos mudamos para...	**Als ich (zwölf) war, zogen wir nach ...**
Eu sou de uma família grande/pequena.	**Ich komme aus einer großen / kleinen Familie.**
Meus pais eram muito rígidos.	**Meine Eltern waren sehr streng.**
Meus pais nos deixavam fazer quase tudo o que queríamos.	**Meine Eltern haben uns immer unseren Willen gelassen.**
Era/Fui mimado.	**Ich war sehr verwöhnt.**
Cresci num bairro [relativamente] nobre/simples.	**Ich bin in einer (relativ) wohlhabenden / armen Gegend aufgewachsen.**

Fui criado numa família muito [católica].	**Ich bin in einer streng (katholischen) Familie groß geworden.**
Eu sou de uma família [relativamente] simples/rica.	**Ich komme aus einer (verhältnismäßig) einfachen / reichen Familie.**
Meus pais eram bem de vida.	**Meine Eltern waren recht wohlhabend.**
Não foi muito fácil.	**Wir hatten es nicht leicht..**
Tínhamos que batalhar muito.	**Wir mussten hart kämpfen.**
Tivemos uma vida dura.	**Wir hatten ein hartes Leben.**
Fui bom aluno.	**Ich war ein guter Schüler.**
Não ia muito bem na escola.	**Ich war nicht gut in der Schule.**
Depois da escola, eu costumava (jogar futebol).	**Nach der Schule (spielte) ich immer (Fußball).**
Só me metia em encrenca.	**Ich stellte immer etwas an.**
Fui um bom menino.	**Ich war sehr artig.**
Meu pai deixou minha mãe quando eu era pequeno.	**Mein Vater verließ meine Mutter, als ich noch klein war.**
Fui criado pela minha mãe/pai.	**Meine Mutter / mein Vater hat mich aufgezogen.**
Meus pais são separados.	**Meine Eltern sind geschieden..**
Acho que puxei a meu pai / minha mãe.	**Ich gaube, ich schlage nach meinem Vater / nach meiner Mutter.**
Eu fiz faculdade na USP.	**Ich habe an der USP studiert.**
Me formei em [Economia].	**Ich habe mein Diplom in (Volkswirtschaft).**
Também fiz cursos em...	**Ich habe auch Kurse über.... besucht.**
Depois da faculdade eu...	**Nach dem Studium habe ich... / bin ich...**
Fui morar sozinho.	**Ich habe eine eigene kleine Wohnung gemietet**
Me mudei da casa dos meus pais quando tinha [25] anos.	**Mit (fünfundzwanzig) bin ich bei meinen Eltern ausgezogen.**
Conheci meu marido/minha esposa enquanto eu...	**Ich habe meinen Mann / meine Frau kennen gelernt, als ich...**
Temos ____ anos de casados.	**Wir sind... .Jahre verheiratet.**
Sou casado.	**Ich bin verheiratet.**
Tenho um filho/uma filha de [2] anos.	**Ich habe einen Sohn / eine Tochter von (zwei) Jahren.**

Tenho [2] filhos.	Ich habe (zwei) Kinder.
Nunca me casei.	Ich habe nie geheiratet.
Nunca fui casado.	Ich war nie verheiratet..
Não achei a pessoa certa ainda.	Ich habe noch nicht die richtige Person gefunden.
Já fui casado duas vezes.	Ich war zweimal verheiratet.
Consegui meu primeiro emprego aos [21] anos de idade.	Ich bekam meine erste Stelle mit (einundzwanzig).
Trabalhei como [secretária] na [ABC Ltda.]	Ich habe als (Sekretärin) bei (ABC Ltda.) gearbeitet.

Chamadas telefônicas — Teleforgespräche

"Países diferentes, costumes diferentes" – esta sentença se aplica, e muito, para as chamadas telefônicas. Na Alemanha, a pessoa que atende o telefone, normalmente diz o seu nome ou seu número (se bem que, ultimamente, algumas pessoas estão usando o "Hallo", com medo de um trote) e assim se identifica. Em resposta, a pessoa que ligou se identifica por sua vez, de maneira que o célebre "quem fala?" não tem por que acontecer.

Para terminar a conversa, existe um termo bem interessante: em vez de "Tschau" ou "Tschüß", algumas pessoas dizem "Auf Wiederhören" (literalmente "até mais ouvir"), que é uma espécie de parente do "Auf Wiedersehen" (literalmente: "até mais ver")

Ligando	**Sie Rufen ein**
Oi, gostaria de falar com [Silvia] por favor.	Guten Tag, mein Name ist... Könnte ich bitte mit (Silvia) sprechen?
Oi, [a Silvia] está?	Guten Tag, hier ist... Ist (Silvia) da?
Aqui é [o Pedro].	Hier ist (Pedro).
Sou um amigo dela/dele.	Ich bin ein Freund von ihr / von ihm.
Trabalho com ela/ele.	Wir arbeiten zusammen.
Oi, é o [Pedro].	Hallo, hier (Pedro).
Você está ocupado?	Bist du gerade beschäftigt?
Você está podendo falar?	Kannst du reden?

Tentei ligar antes, mas...	Ich habe es vorher schon einmal versucht, aber...
...ninguém atendeu.	... niemand hat abgenommen.
...mas acho que você não estava.	... ich denke, du warst nicht da.
...estava ocupado.	... es war besetzt.
...só dava ocupado.	... ich hatte immer das Besetztzeichen.
...caiu na secretária eletrônica.	... ich bekam nur den AB (abrev. de: Anrufbeantworter).
...caiu na caixa postal.	... ich bekam nur die Mailbox.
Você recebeu meu recado?	Hast du meine Nachricht bekommen?
Atendendo	**Sie gehen ans Telefon**
Alô?	Hier... / Hallo?
Quem está falando?	Wer ist dort, bitte?
É ela. / É ele.	Ich bin es selbst.
Durante a chamada	**Während dês Gesprächs** veja também 'Coisas que se falam quando as pessoas se encontram' página 147
Oi [Pedro]. Que bom que você ligou.	Oh, hallo (Pedro). Schön, dass du anrufst.
Recebi seu recado, obrigado.	Ich habe deine Nachricht bekommen, danke.
Ah, que bom. Estava esperando sua ligação.	Wie gut. Ich habe schon auf deinen Anruf gewartet.
Me aguarda um segundinho? Eu tenho que...	Kannst du eine Sekunde dranbleiben? Ich muss schnell...
Só um segundo. Tem alguém na outra linha.	Einen kleinen Moment, ich habe hier jemand in der anderen Leitung..
Dá para me ouvir bem?	Hörst du mich gut?
Posso ligar para você de volta?	Kann ich zurückrufen?
Quer que eu te ligue de volta?	Soll ich wieder anrufen?
Essa ligação vai sair muito cara para você.	Dieses Gespräch wird zu teuer für dich.
Estou no meio de um negócio aqui. (Posso ligar para você mais tarde?)	Ich bin im Moment nicht abkömmlich. (Kann ich später zurückrufen?)
Olha, eu tenho que ir agora. Eu...	Entschuldige, aber ich muss jetzt weg. Ich...
Eu já ligo para você.	Ich rufe sofort zurück..
Qual é seu número mesmo?	Wie war doch gleich deine Nummer?

Problemas durante a ligação	Probleme während des Gesprächs
Me desculpe, caiu a linha.	Entschuldigung, wir wurden unterbrochen.
Essa ligação está péssima.	Die Verbindung ist sehr schlecht.
Eu estou ouvindo você muito mal.	Ich kann dich kaum hören..
Estou ouvindo um eco.	Da ist ein Echo in der Leitung.
Terminando	**Sie beenden ein Gespräch**
Preciso desligar.	Ich muss leider auflegen.
Então tá bom...	Ja dann...
Gostei de falar com você.	Es war schön, mit dir zu sprechen.
Vamos marcar alguma coisa.	Wir müssen uns mal verabreden.
Um beijo./Um abraço.	Mach's gut..
Até mais.	Bis bald.
Tchau.	Tschau / tschüß.
Deixando recado	**Sie hinterlassen eine Nachricht.**
Você pode pedir para ele / ela ligar para [Pedro]?	Könnten Sie ihn / sie bitten, (Pedro) anzurufen?
Você pode avisá-lo/la que...	Könnten Sie ihm / ihr bitte sagen, dass...?.
(Ele) pode me encontrar no (39572811).	Ich bin unter der Nummer (39572811) zu erreichen..
Se eu não estiver, é para tentar no...	Wenn ich nicht hier bin, bitte unter... versuchen.
Acho que ele/ela tem meu telefone, (mas em todo caso é...)	Ich glaube, er / sie hat meine Nummer, (aber für alle Fälle:...)
Deixando um recado na secretária eletrônica	**Sie hinterlassen eine Nachricht auf dem Anrufbeantworter**
Oi, aqui é o [Pedro].	Hallo, hier (Pedro).
Que pena que eu não o encontrei.	Schade, dass ich dich nicht angetroffen habe.
Que desencontro!	Wir verpassen uns immer!
Você está fugindo de mim.	Ich glaube, du gehst mir aus dem Wege..
Que difícil falar com você.	Es ist schwierig, dich zu erreichen.
Bom, acho que você ainda está [no trabalho].	Nun ja, mir scheint, du bist noch (bei der Arbeit.).

Só liguei para...	**Ich wollte nur...**
Só retornando...	**Ich rufe nur zurück ...**
Bom,.../Enfim,...	**Wie auch immer...**
Me ligue quando você puder.	**Ruf mich an, wenn du Zeit hast.**
Pode me ligar em casa/no trabalho/ no celular.	**Du kannst mich zu Hause / bei der Arbeit / auf mein Handy anrufen.**
Caso você não tenha meu número, é...	**Falls du meine Nummer nicht hast, hier ist sie:**
Então, espero poder falar com você mais tarde.	**Also, ich hoffe, ich kann später mit dir reden.**
Vou tentar ligar mais tarde.	**Ich versuche es später noch einmal.**
Até mais.	**Bis später!**
Um abraço./Um beijo.	**Mach's gut!**
Tchau.	**Tschau / tschüß!**
Anotando um recado	**Sie nehmen eine Nachricht entgegen**
Você quer deixar recado?	**Soll ich etwas ausrichten?**
Só um instante. Vou pegar uma caneta.	**Einen kleinen Moment bitte, ich hole schnell einen Kuli.**
Pronto. Pode falar.	**So, ich bin bereit.**
Deixe-me ver se entendi...	**Ich wiederhole noch mal, um zu sehen, ob ich das richtig verstanden habe**
Tudo bem. Eu dou o recado para ele/ela.	**O.k., ich richte das gern aus.**
Tudo bem. Eu digo a ele/ela que você ligou.	**O.k., ich sage ihm / ihr, dass Sie angerufen haben.**
Saudações na secretária eletrônica	**Begrüßungstexte auf dem Anrufbeantworter**
Oi, você ligou para [Pedro].	**Hallo, hier ist der Anschluss von (Pedro).**
Infelizmente não posso atender.	**Leider bin ich im Moment nicht zu erreichen.**
Você pode me mandar uma mensagem para o meu celular......	**Sie können mir eine SMS auf mein Handy schicken.**
Por favor, deixe seu nome e telefone.	**Bitte hinterlassen Sie Ihren Namen und Ihre Telefonnummer.**

Por favor, deixe seu nome, número e hora de chamada.	Bitte hinterlassen Sie Ihren Namen, Ihre Nummer und die Uhrzeit Ihres Anrufs.
Retornarei a ligação assim que possível.	Ich rufe so bald wie möglich zurück.
Por favor, deixe seu recado ao sinal do bip.	Bitte hinterlassen Sie Ihre Nachricht nach dem Signalton.
Mais expressões sobre ligações	**Weitere Ausdrücke zum Thema Anrufen**
Ele/Ela desligou na minha cara.	Er / sie hat mitten im Gespräch einfach aufgelegt.
Só dá ocupado.	Es ist dauernd besetzt.
Ele/Ela me deixou aguardando.	Er / sie hat mich in der Warteschleife hängen lassen.
Caiu a linha.	Wir wurden unterbrochen.
Deixei recado.	Ich habe eine Nachricht hinterlassen.
Caiu na secretária/caixa postal.	Ich bekomme nur den Anrufbeantworter / die Mailbox.
Ele/Ela me pôs no viva-voz.	Er / sie hat mich auf Mithören geschaltet..
Eu atendo.	Ich gehe ran.
Deixa tocar.	Lass es nur klingeln.
Não está dando sinal de discagem.	Die Leitung ist tot.

Compreendendo — Verstetien

Quando não entendeu	**Wenn Sie nicht verstehen**
Desculpe, não entendi.	Tut mir leid, ich habe nicht verstanden.
Não sei se entendi.	Ich weiß nicht, ob ich das verstanden habe.
Como assim?	Was meinen Sie? / Wieso?
Ah, desculpe. Eu entendi (tudo) errado.	Oh, Entschuldigung. Das habe ich völlig falsch verstanden.
Ah, tá! Eu tinha entendido...	Ach so! Ich hatte verstanden...
Me desculpe. Você me confundiu.	Entschuldigung! Ich habe da etwas durcheinander bekommen.
Me desculpe. Estou devagar hoje.	Entschuldigung. Ich bin heute etwas langsam.

Confirmando se entendeu	Sie fragen nach
Tá, então...	Also, das heißt...
Ou seja...	Mit anderen Worten...
Você quer dizer que...	Meinen Sie...?
Deixe eu ver se entendi...	Mal sehen, ob ich das verstanden habe...
É isso?	Ist es das?
Confirmando se o ouvinte entendeu	**Sie prüfen nach, ob Ihr Gesprächspartner verstanden hat**
Sabe?/Entende?	Verstehen Sie?
Você está me entendendo?	Verstehen Sie, was ich meine?
Você me entendeu?	Haben Sie mich verstanden?
Você entendeu o que eu quis dizer?	Verstehen Sie, was ich sagen will?
Acho que não estou sendo muito claro.	Ich glaube, ich habe mich nicht klar genug ausgedrückt.

Paquerando — Flirten

Você está muito bonita/o.	Sie sehen (f.) / du siehst (inf.) sehr schön aus..
Gostei desse [vestido].	Ihr (f.) / dein (inf.) Kleid gefällt mir.
Você tem um sorriso bonito.	Sie haben (f.) / du hast (inf.) ein bezauberndes Lächeln.
Você deveria sorrir mais.	Sie sollten (f.) / du solltest (inf.) öfter lächeln..
Você sabe quem você me lembra um pouco? [A Sharon Stone.]	Wissen Sie, an wen Sie mich ein wenig erinnern?(f.) Weißt du, an wen du mich ein wenig erinnerst? (inf.) [Sharon Stone.]
Alguém já lhe disse que você se parece um pouco com [o Mel Gibson]?	Hat Ihnen schon mal jemand gesagt, dass Sie aussehen wie [Mel Gibson]? (f.) Hat dir schon mal jemand gesagt, dass du aussiehst wie (Mel Gibson)? (inf.)
Qual é o seu signo?	Was ist Ihr (f.) / dein (inf.) Sternzeichen?
Você tem namorado?	Haben Sie (f.) / hast du (inf.) einen Freund?

Você tem namorada? — **Haben Sie (f.) / hast du (inf.) eine Freundin?**

Você está namorando? — **Sind Sie (f.) / bist du (inf.) schon vergeben?**

Não acredito que você não tem namorado/a. — **Ich kann nicht glauben, dass jemand wie Sie(f.) / wie du (inf.) keinen Freund / keine Freundin hat..**

Você vem sempre aqui? — **Kommen Sie (f.) / kommst du (inf.) oft hierher?**

Vamos dançar? — **Möchten Sie (f.) / möchtest du (inf.) tanzen?**

Você quer ir para outro lugar? — **Möchten Sie (f.) / möchtest du woanders hingehen?**

Está um pouco barulhento/ cheio aqui. — **Es ist hier ein bisschen laut / ein bisschen voll.**

Posso ligar para você? — **Darf ich Sie (f.) / dich (inf.) irgendwann mal anrufen?**

Nós poderíamos sair. — **Wir könnten mal zusammen ausgehen – wie wär's?**

Você tem um bom papo. — **Es ist interessant, sich mit Ihnen (f.) / mit dir (inf.) zu unterhalten.**

Eu gosto de conversar com você. — **Die Unterhaltung mit Ihnen (f.) / mit dir (inf.) macht richtig Spaß.**

Quando eu posso ver você de novo? — **Wann kann ich Sie (f.) / dich (inf.) wiedersehen?**

Vou querer ver você de novo. — **Ich möchte Sie (f.) / dich (inf.) gern wiedersehen.**

Adoraria ver você de novo. — **Es wäre wunderbar, Sie (f.) / dich (inf.) wiederzusehen.**

Espero que possamos nos ver de novo. — **Ich hoffe, wir können uns mal wiedersehen.**

Você me parece ser uma pessoa muito especial. — **Ich habe den Eindruck, Sie sind (f.) / du bist (inf.) ein ganz besonderer Mensch.**

Você me atrai. — **Ich finde Sie (f.) / dich (inf.) sehr attraktiv.**

Você deve ouvir muito isso. — **Ich bin sicher, dass Sie das oft hören (f.) / dass du das oft hörst.**

Como dizer um endereço de e-mail em alemão

Eine e-mail-adresse angeben

O endereço é: Flávia Correa	**Also, die Adresse ist: Flávia Correa...**
...uma palavra só	**alles zusammen (geschrieben) / alles ein Wort**
...tudo minúscula	**alles klein (geschrieben)**
...tudo maiúscula	**alles groß (geschrieben)**
arroba...	**at (pronunciado como em ingles).**
...ponto	**Punkt**
...barra	**...Schrägstrich**
...traço	**Minus**

Falando do seu alemão e de outros idiomas

Eu falo ____ fluentemente.	**Ich spreche fließend...**
Peço desculpas pelo meu (alemão).	**Bitte entschuldigen Sie mein (Deutsch).**
Meu (alemão) está um pouco enferrujado.	**Ich fürchte, mein (Deutsch) ist ein bisschen rostig.**
Eu sou bilíngüe em ____ e ____.	**Ich bin zweisprachig in... und...**
Tenho alguns conhecimentos de ____.	**Ich habe einige Kenntnisse in...**
Eu falo um pouco de ____.	**Ich spreche ein wenig...**
Eu me viro em ____.	**Ich komme in... ganz gut zurecht.**
Em francês, eu praticamente só falo.	**Französisch kann ich eigentlich nur sprechen (nicht schreiben).**
Eu sei ____ em russo.	**Ich kann... auf Russisch**
Eu sei usar inglês na maioria das situações (comerciais).	**Englisch für kommerzielle Zwecke kann ich ganz gut.**
Falo bem o português.	**Mein mündliches Portugiesisch ist gut.**
Da língua chinesa não sei nada.	**Chinesisch kann ich überhaupt nicht.**
Já me falaram que tenho uma pronúncia boa..	**Man hat mir schon gesagt, dass ich eine gute Aussprache habe.**
Eu entendo mais do que falo.	**Ich verstehe mehr, als ich spreche.**
Não sou exatamente fluente, mas sei...	**Ich spreche nicht gerade fließend, aber ich kann...**
Sei que tenho sotaque.	**Ich weiß, dass ich einen Akzent habe.**

Apêndice 1
Anhang 1

Profissões	Berufe
Administrador	Verwalter
Administrador de Empresas	Betriebswirt
Administrador de Imóveis	Immobilienverwalter
Advogado	Rechtsanwalt
Ajudante de Produção	Produktionsassistent
Analista	Analyst / Analytiker
Analista de custos	Kostenanalyst
Analista de Investimentos	Investmentanalyst
Analista de Laboratório	Laborant
Analista de Mercado	Marktanalytiker
Analista de Orçamentos	Budgetanalytiker
Analista de Sistemas	Systemanalyst
Analista Fiscal	Steueranalyst
Arquiteto	Architekt
Artista	Künstler
Assistente	Assistent / Hilfskraft
Assistente Administrativo	Verwaltungsassistent
Assistente de Contabilidade	Buchhaltungs-Hilfskraft
Assistente de Marketing	Marketing-Assistent
Assistente de Vendas	Vetriebsassistent
Assistente Social	Sozialarbeiter / Sozialhelfer
Ator	Schauspieler
Auditor	Unternehmensberater / Betriebsberater

Auxiliar	Hilfskraft
Auxiliar Administrativo	Verwaltungshilfskraft
Auxiliar de Laboratório	Laborgehilfe
Bibliotecário	Bibliothekar
Bombeiro	Feuerwehrmann
Cabeleireiro	Friseur
Capataz	Vorarbeiter / Aufseher
Caixa	Kassierer
Carpinteiro	Tischler / Schreiner / Zimmermann
Comissária de bordo	Stewardess / Flugbegleiterin
Comissário de bordo	Steward / Flugbegleiter
Chefe	Chef / Leiter
Chefe de Assistência Técnica	Kundendienstleiter
Chefe de Compras	Einkaufsleiter
Chefe de Pessoal	Personalchef
Cirurgião	Chirurg
Clínico Geral	Allgemeinmediziner / Arzt für Allgemeinmedizin
Comprador	Einkäufer
Comprador Técnico	Technischer Einkäufer
Consultor	Berater
Construtor	Bauunternehmer
Contador	Buchhalter
Controller	Controller
Coordenador de Projetos	Projektleiter
Corretor de Imóveis	Immobilienmakler
Corretor de Seguros	Versicherungskaufmann
Costureira	Schneiderin
Costureiro	Modeschöpfer
Cozinheiro	Koch
Dançarino	Tänzer
Dentista	Zahnarzt
Desenhista Mecânico	Technischer Zeichner

Desenhista Projetista	Projektzeichner
Diretor Administrativo	Verwaltungsleiter
Diretor Comercial	Kaufmännischer Leiter
Diretor de Marketing	Direktor der Abteilung Marketing
Diretor de Recursos Humanos	Direktor der Abteilung Personalwesen
Diretor Financeiro	Direktor der Abteilung Finanzen
Diretor Fiscal	Direktor der Abteilung Steuern und Abgaben
Economista	Volkswirt
Editor	Verleger
Eletricista de Manutenção	Wartungselektriker
Eletricista Instalador	Elektroanlageninstallateur
Encanador	Installateur / Klempner
Enfermeiro	Krankenpfleger
Enfermeira	Krankenschwester
Engenheiro	Ingenieur
Engenheiro Civil	Bauingenieur
Engenheiro Mecânico	Maschinenbauingenieur
Engenheiro de Segurança do Trabalho	Ingenieur für Betriebssicherheit
Escritor	Schriftsteller
Faxineiro	Raumpfleger
Fisioterapeuta	Physiotherapeut
Frentista	Tankwart
Fotógrafo	Fotograf
Funcionário	Angestellter
Funcionário Público	Beamter
Garçom	Kellner
Garçonete	Kellnerin / Bedienung
Gerente	Geschäftsführer / Betriebsleiter / Leiter
Gerente Comercial	Kaufmännischer Leiter
Gerente de Assistência Técnica	Kundendienstleiter
Gerente de Filial	Filialleiter
Gerente de Manutenção	Leiter der Wartungsabteilung

Gerente de Marketing	Leiter der Abteilung Marketing
Gerente de Pesquisa de Mercado	Leiter der Abteilung Marktforschung
Gerente de Planejamento Financeiro	Leiter der Abteilung Finanzplanung
Gerente de Produção	Leider der Abteilung Produktionsmanagement
Gerente de Projetos	Projektleiter
Gerente de Recursos Humanos	Leiter der Abteilung Personalwesen
Gerente de Sinistros	Leiter der Abteilung Versicherungsfälle
Gerente de Tesouraria	Schatzmeister
Gerente Financeiro	Geschäftsführer der Abteilung Finanzen
Ginecologista	Gynäkologe / Frauenarzt
Inspetor de Controle de Qualidade	Inspekteur Qualitätskontrolle
Inspetor de Ensino	Schulrat
Inspetor de Polícia	Polizeiinspektor
Jardineiro	Gärtner
Joalheiro	Juwelier
Jogador de futebol	Fußballspieler
Jornalista	Journalist
Juiz	Richter
Locutor	Sprecher / Ansager
Mecânico de automóveis	Automechaniker
Médico / Médica	Arzt, Ärztin
Mestre de Obra	Bauführer
Meteorologista	Meteorologe
Modelo	Model
Motorista	Fahrer / Chauffeur
Nutricionista	Ernährungswissenschaftler
Oftalmologista	Augenarzt
Operador de Câmbio	Börsenangestellter
Operador de Telemarketing	Telemarketer
Operário	Arbeiter
Operário da construção	Bauarbeiter
Ortopedista	Orthopäde

Otorrinolaringologista	Hals-, Nasen- und Ohrenarzt
Padeiro	Bäcker
Paisagista	Landschaftsgärtner
Pastor	Pastor
Pediatra	Kinderarzt
Pedreiro	Maurer
Piloto	Pilot
Pintor	Maler
Policial	Polizist
Porteiro	Portier
Procurador do Estado	Staatsanwalt
Professor (colégio)	Lehrer
Professor (universidade)	Professor
Programador	Programmierer
Promotor de Vendas	Vertreter
Promotor Público	Staatsanwalt
Psicanalista	Psychoanalytiker
Psicólogo	Psychologe
Psiquiatra	Psychiater
Químico	Chemiker
Recepcionista (M)	Empfangschef
Recepcionista (F)	Empfangsdame
Redator	Redakteur
Regente	Dirigent
Repórter	Reporter
Representante	Vertreter
Sapateiro	Schuhmacher
Secretária	Sekretärin
Segurança	Wächter / Sicherheitsbeamter
Soldado	Soldat
Soldador	Schweißer
Supervisor	Aufseher / Chef / Leiter
Técnico	Techniker

Técnico de Manutenção	Wartungsspezialist
Técnico de Segurança do Trabalho	Betriebssicherheitstechniker
Técnico de Telecomunicações	Techniker im Bereich Meldewesen
Técnico Eletrônico	Elektroniktechniker
Técnico Químico	Chemotechniker
Telefonista	Telefonist (M), Telefonistin (F)
Topógrafo	Topograph
Treinador	Trainer
Tradutor	Übersetzer
Tradutor intérprete	Dolmetscher und Übersetzer
Vendedor	Verkäufer
Veterinário	Tierarzt
Vidraceiro	Glaser
Vigia	Wächter
Zelador	Hausmeister

Apêndice 2
Anhang 2

Doenças e sintomas	Krankheiten und Symptome
amigdalite	Mandelentzündung
artrite	Arthritis
asma	Asthma
bronquite	Bronchitis
cãimbras na panturrilha	Wadenkrämpfe
cólica (na vesícula) biliar	Gallenkolik
cólica menstrual	Menstruationsbeschwerden
cólica renal	Nierenkolik
diarréia	Durchfall
dor de barriga	Bauchschmerzen
dor de cabeça	Kopfschmerzen
dor de dente	Zahnschmerzen
dor de estômago	Magenschmerzen
dor de garganta	Halsschmerzen
dor de ouvido	Ohrenschmerzen
dor nas costas	Rückenschmerzen
enxaqueca	Migräne
febre alta	hohes Fieber
gases	Blähungen
gripe	Grippe
hérnia de disco	Bandscheibenschaden
hérnia	Bruch
pneumonia	Lungenentzündung

resfriado	Erkältung
rubéola	Röteln
sarampo	Masern
soluço	Schluckauf
tosse	Husten
um pouco de febre	leichtes Fieber
varicela	Windpocken

Para comunicar que você tem um problema de saúde, usa-se a expressão: "Ich habe " ("Eu tenho"), p. ex.: "Ich habe Halsschmerzen" "Ich habe Zahnschmerzen" etc.

Outra maneira de falar que sente dores, é dizer qual é a parte do corpo que dói, p.ex.:

Meu braço	**está doendo**	Mein Arm	tut weh
Meu dedo (mão)	**está doendo**	Mein Finger	tut weh
Meu dedo (pé)	**está doendo**	Mein Zeh	tut weh
Meu dente	**está doendo**	Mein Zahn	tut weh
Meu estômago	**está doendo**	Mein Magen	tut weh
Meu joelho	**está doendo**	Mein Knie	tut weh
Meu ombro	**está doendo**	Meine Schulter	tut weh
Meu ouvido	**está doendo**	Mein Ohr	tut weh
Meu pé	**está doendo**	Mein Fuß	tut weh
Minha barriga	**está doendo**	Mein Bauch	tut weh
Minha cabeça	**está doendo**	Mein Kopf	tut weh
Minha garganta	**está doendo**	Mein Hals	tut weh
Minha perna	**está doendo**	Mein Bein	tut weh
Minha mão	**está doendo**	Meine Hand	tut weh
Minhas costas	**estão doendo**	Mein Rücken	tut weh

Apêndice 3
Anhang 3

Achados e Perdidos — Sie haben etwas verloren

Com tanta correria, estresse e alegria, é normal que você esqueça de alguma coisa. O ideal para evitar essa eventualidade é sempre carregar pouco, e o mais valioso deve ser sempre deixado no hotel, quando não em casa.

PALAVRAS BÁSCIAS	WICHTIGE WÖRTER
perdi (meu passaporte)	Ich habe (meinen Pass) verloren
carteira	Geldbörse / Portmonee
chave	Schlüssel
câmera	Kamera / Fotoapparat
mala	Koffer
sacola, bolsa	Tasche
grande	groß
pequeno	klein

Quem perdeu	**Der Verlierer**
Deixei minha [máquina] aqui (esta tarde).	Ich habe (heute Nachmittag) (meine Kamera) hier liegen lassen.
Acho que eu deixei [no assento].	Ich glaube, ich habe sie (auf dem Sitz) gelassen.
Posso deixar meu telefone/meus dados, caso o/a encontrem?	Kann ich meine Telefonnummer hier lassen, falls Sie sie finden?
A pessoa com quem você fala	**Die Person, mit der Sie sprechen**
Está bem, vou checar.	In Ordnung, ich werde nachsehen.
Quando foi que a perdeu?	Wann haben Sie die Kamera verloren?

Como ela é?	**Wie sieht sie aus?**
De que cor é?	**Welche Farbe hat sie?**
Que marca é?	**Welche Marke?**
Quando esteve com ela pela última vez?	**Wissen Sie noch, wann Sie sie das letzte Mal gesehen haben?**
Mais algum detalhe?	**Können Sie uns noch weitere Hinweise geben?**
Quer deixar algum telefone para contato?	**Unter welcher Nummer können wir Sie erreichen?**

Apêndice 4
Anhang 4

Termos de Futebol

Para quem vai à Alemanha neste ano da Copa do Mundo torcer pelo Brasil, aqui vai um pequeno dicionário com vocabulário "futebolístico".

arquibancada	Tribüne
atacante	Stürmer
Banco de reservas	Reservebank
bandeirinha	Linienrichter
bola na trave	Lattentreffer
bola no poste	Pfostentreffer
campo	Spielfeld
carrinho	Grätsche
cartão amarelo	Gelbe Karte
cartão vermelho	Rote Karte
com a bola parada	mit ruhendem Ball
Copa do Mundo	Weltmeisterschaft
cruzamento	Flanke
empatar	Unentschieden spielen
expulsão	Platzverweis
Futebol / bola de futebol	Fußball
ganhar	gswinnen
gol	Tor
Goleador	Torjäger
goleiro	Torhüter

grande área	Strafraum
impedimento	Abseits
jogador de defesa	Verteidiger
jogador reserva	Ersatzspieler
jogador, goleiro	Spieler
juiz	Schiedsrichter
luvas (pagamento)	Handgeld
massagista	Masseur
passe	Vorlage
pênalti	Elfmeter
pênalti	Strafstoß
pênaltis	Elfmeterschießen
pequena área	Torraum
perder	verlieren
primeiro tempo	Erste Halbzeit
prorrogação	Verlängerung
segundo tempo	Zweite Halbzeit
tabelinha	Doppelpass
time	Mannschaft Torwart
titular	Stammspieler
torcedor	Fan
treinador	Trainer

Apêndice 5
Anhang 5

Meses, dias, números, preços e horas

A seguir, você encontrará os nomes dos dias da semana, os nomes dos meses, e algumas informações sobre os números.

Os nomes dos meses são muito fáceis de entender:

Januar	Februar	März
April	Mai	Juni
Juli	August	September
Oktober	November	Dezember

Já os nomes dos meses são mais parecidos com os nomes em inglês:

Montag	Segunda-feira
Dienstag	Terça-feira
Mittwoch	Quarta-feira
Donnerstag	Quinta-feira
Freitag	Sexta-feira
Samstag	Sábado
Sonntag	Domingo

No norte da Alemanha, em vez de "Samstag" (sábado), usa-se "Sonnabend".

Os números, quando apareceram nos textos deste livro, foram escritos em palavras, para facilitar a vida do usuário. Aqui, vai uma pequena tabela, para ajudar.

1	**eins**	14	**vierzehn**
2	**zwei**	15	**fünfzehn**
3	**drei**	16	**sechzehn**
4	**vier**	17	**siebzehn**
5	**fünf**	18	**achtzehn**
6	**sechs**	19	**neunzehn**
7	**sieben**	20	**zwanzig**
8	**acht**	21	**einundzwanzig**
9	**neun**	22	**zweiundzwanzig**
10	zehn	23	**dreiundzwanzig**
11	**elf**	24	**vierundzwanzig**
12	**zwölf**	25	**fünfundzwanzig**
13	**dreizehn**	26	**sechsundzwanzig**

Você viu? A partir do número 21, a fala é invertida, algo como dizer "um e vinte". E assim vai continuar sempre com as dezenas: fala-se primeiro a unidade, e depois, a dezena:

Dezenas e centenas		**Números avulsos, para exemplo**	
30	**dreißig**	0	**null**
40	**vierzig**	39	**neununddreißig**
50	**fünfzig**	46	**sechsundvierzig**
60	**sechzig**	53	**dreiundfünfzig**
70	**siebzig**	68	**achtundsechzig**
80	**achtzig**	76	**sechsundsiebzig**
90	**neunzig**	84	**vierundachtzig**
100	**hundert**	95	**fünfundneunzig**
200	**zweihundert**	128	**hundertachtundzwanzig**
300	**dreihundert**	231	**zweihunderteinunddreißig**
400	**vierhundert**	342	**dreihundertzweiundvierzig**

500	**fünfhundert**	479	**vierhundertneunundsiebzig**
600	**sechshundert**	566	**fünfhundertsechsundsechzig**
700	**siebenhundert**	694	**sechshundertvierundneunzig**
800	**achthundert**	785	**siebenhundertfünfundachtzig**
900	**neunhundert**	857	**achthundertsiebenundfünfzig**
1000	**tausend**	42,5	**zweiundvierzig Komma fünf**

Para dizer preços

€ 40,50 Vierzig Euro fünfzig
€ 326,75 Dreihundertsechsundzwanzig Euro fünfundsiebzig etc.

Note-se que se fala a palavra "Euro" (pronúncia: "oiro") no lugar da vírgula (que não deve ser substituída pela palavra "und").

Algo semelhante ocorre com as horas.
Exemplo:

14:40 h **Es ist vierzehn Uhr vierzig**
(São duas e quarenta)
9:25 h **Es ist neun Uhr fünfundzwanzig**
(São nove e vinte e cinco)

(Use a palavra "Uhr" no lugar dos dois pontos, não a palavra "und".)

Apêndice 6
Anhang 6

O Euro

Veja a seguir as várias cédulas e moedas do Euro.

© BCE ECB EZB EKT EKP 2002
5
5 EURO
ΕΥΡΩ

5
P05780622997
P05780622997
5 EURO
EURO
ΕΥΡΩ
5

© BCE ECB EZB EKT EKP 2002
10
10 EURO
ΕΥΡΩ

10
X14622018599
X14622018599
10 EURO
EURO
ΕΥΡΩ
10

© BCE ECB EZB EKT EKP 2002
20
20 EURO
ΕΥΡΩ

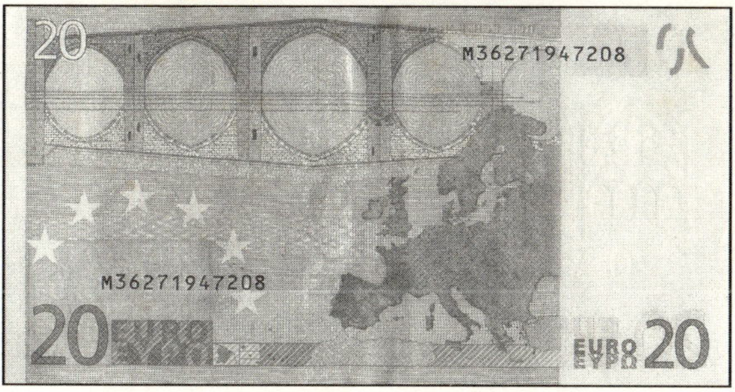
20
M36271947208
M36271947208
20 EURO
ΕΥΡΩ
EURO
ΕΥΡΩ 20

© BCE ECB EZB EKT EKP 2002
50
50 EURO
ΕΥΡΩ

50
X11264879423
X11264879423
50 EURO
ΕΥΡΩ
50

Conheça também:

COMO DIZER TUDO EM INGLÊS AVANÇADO

ISBN: 978-85-352-1247-1 ou
ISBN: 85-352-1247-7
Páginas: 296

COMO DIZER TUDO EM INGLÊS

ISBN: 978-85-352-0686-9 ou
ISBN: 85-352-0686-8
Páginas: 256

COMO DIZER TUDO EM INGLÊS EM VIAGENS

ISBN: 978-85-352-1246-4 ou
ISBN: 85-352-1246-9
Páginas: 224

INGLÊS QUE NÃO FALHA - O LIVRO DE PRONÚNCIA

ISBN: 978-85-352-2016-2 ou
ISBN: 85-352-2016-X
Páginas: 192

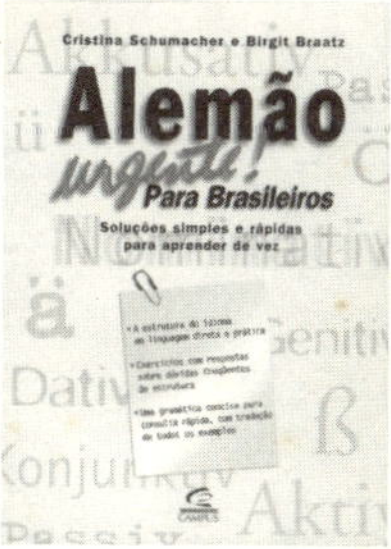

ALEMÃO URGENTE! PARA BRASILEIROS

ISBN: 978-85-352-0725-5 ou
ISBN: 85-352-0725-2
Páginas: 184

COMO DIZER TUDO EM ALEMÃO

ISBN: 978-85-352-1310-2 ou
ISBN: 85-352-1310-4
Páginas: 280

COMO DIZER TUDO EM CHINÊS

ISBN: 978-85-352-1744-5 ou
ISBN: 85-352-1744-4
Páginas: 328

Conheça também:

COMO DIZER TUDO EM ESPANHOL

ISBN: 978-85-352-0889-4 ou
ISBN: 85-352-0889-5
Páginas: 264

ESPANHOL PARA O VESTIBULAR

ISBN: 978-85-352-1881-7 ou
ISBN: 85-352-1881-5
Páginas:272

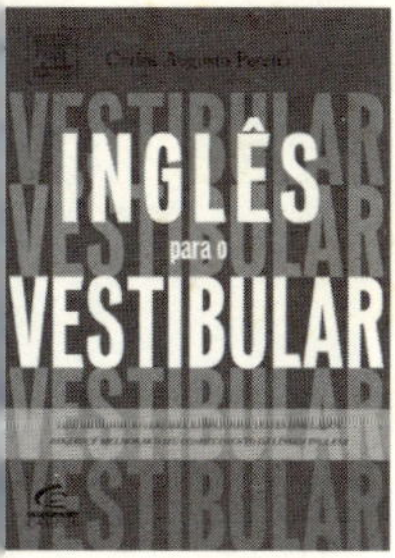

INGLÊS PARA O VESTIBULAR

ISBN: 978-85-352-1806-0 ou
ISBN: 85-352-1806-8
Páginas: 328

INGLÊS URGENTE!
PARA BRASILEIROS

ISBN: 978-85-352-0501-5 ou ISBN:
85-352-0501-2
Páginas: 232

DICIONÁRIO DE ANGLICISMOS
E DE PALAVRAS INGLESAS CORRENTES EM PORTUGUÊS

ISBN: 978-85-352-1593-9 ou
ISBN: 85-352-1593-X
Páginas: 424

DICIONÁRIO DE PROVÉRBIOS
INGLÊS-PORTUGUÊS | PORTUGUÊS-INGLÊS

ISBN: 978-85-352-1355-3 ou
ISBN: 85-352-1355-4
Páginas: 560

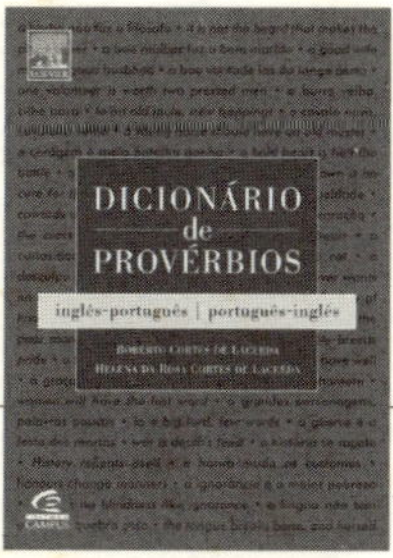

PORTUGUÊS URGENTE!

ISBN: 978-85-352-0298-4 ou
ISBN:85-352-0298-6
Páginas: 272